스타 강사 7인의 스피치 교실

한 권으로 끝내는

스피치 멘토링

스타 강사 7인의 스피치 교실

한 권으로 끝내는
스피치
멘토링
Speech Mentoring

박두리 민수경 이창순 안규호
김주연 남지윤 이솜귤 지음

도서
출판 프리뷰

● 글 싣는 순서

Part 01 ★ 대화편

Part 02 ★ 대중 스피치 편

7장
누구에게나 열려 있는
미디어 스피치
1인 방송
이솜귤

☆ 프롤로그

말 습관을 바꾸면
인생이 달라진다

　우리는 살면서 싫든 좋든 말을 한다. 누구도 이를 피해가지 못한다. 그리고 말을 잘하는 사람이 그렇지 않은 사람들보다 좀 더 많은 기회를 얻는다. '말 한 마디가 천 냥 빚을 갚는다.'는 속담은 오래 전부터 사람들이 말의 중요성을 깨닫고 있었음을 말해준다. 말의 중요성은 동서고금에 차이가 별반 없을 것이다. 예전에는 '말 잘하는' 것이 관련 직업을 가진 사람들에게 국한되는 편이었다면, 요즘에는 그런 필요성이 더 보편화되었다고 할 수 있다. 그러다 보니 말과 관련된 기술을 익히기 위해 교육기관을 찾는 사람도 크게 늘었다.

글 쓰는 직업을 가진 사람들은 자신은 '말 잘하는 것'과 크게 상관이 없다는 생각을 할 수도 있다. 하지만 이제는 글 쓰는 사람들도 대중 앞에 서는 기회가 많아졌다. 사람들 앞에만 서면 자신도 모르게 긴장해서 하고 싶은 말을 제대로 못하게 되는 이들이 많다. 그러다 보면 자연히 사람들 앞에 나서는 것을 꺼리게 된다. 그러면서도 말 잘하는 사람을 보면 부럽고, 자신도 말을 잘하고 싶다는 소망은 가지고 있다.

말을 잘하는 능력은 타고난다고 생각하는 이들이 많다. 쉽게 다가갈 수 없는 분야라는 생각까지 한다. 그런데 이런 사람들에게도 사람들 앞에 서서 인사말을 하거나 강의를 할 기회가 온다. 많은 이들이 스피치를 잘하는 법에 대해 배우고 싶어 하는 것도 바로 이런 이유 때문일 것이다.

각 분야 전문가들의
생생한 노하우를 한자리에

요즘은 작가라는 직업을 가진 사람들뿐 아니라 보통 사람들도 글을 쓰고 책을 내는 추세이다. 그리고 대중 앞에서 말하고, 강의를 하는 사람의 수도 늘고 있다. 그러다 보니 많은 사람들이 스피치 습관, 대화 습관 등을 점검하고, 관련 분야 공부를 하며 자신의 능력을 업그레이드 시키려고 한다.

대중 앞에서 스피치를 잘하고 싶은 사람은 물론이고 일대일 대화를 잘하고 싶어하는 사람들을 위해 각 분야에서 최고라고 손꼽히는 일곱 분의 프로강사들을 모셨다. 각자의 분야에서 활발하게 활동하며, 바쁘게 지내는 분들이지만 기획 취지를 듣고 기꺼이 동참해 주셨다.

이 책에서 소개하는 대중 스피치, 일대일 대화에 관한 처방은 저자들이 각자의 분야에서 활동하며 터득하고, 사람들에게 전파하고 있는 최상의 노하우들이다. 기존의 말하기 관련 책들이 저자 한 사람의 노하우를 주로 다루었다면, 이 책은 각 분야의 전문가들이 터득한 실전 노하우를 한눈에 볼 수 있도록 모아놓았다는 장점을 갖고 있다.

대화 편은 연애, 가족, 직장, 세일즈 등 크게 네 분야로 나누었다. 다양한 분야에서 활동하는 전문가들이 각자의 분야를 맡아서 집필해 주셨다. 가족 편에서는 방송 아나운서 경력을 가지고 커뮤니케이션 강의를 하는 민수경 대표, 연애 편에서는 관계 소통 강의를 하는 박두리 강사가 집필을 맡았다. 그리고 직장인의 대화법은 직장인들의 멘토로 활동하는 이창순 강사, 세일즈 편은 판매 현장에서 오래 활동했고, 세일즈 멘토로 활동하는 안규호 대표가 자신이 터득한 노하우를 아낌없이 풀어 주었다.

대중 스피치 편에서는 전반적인 스피치와 프레젠테이션,

그리고 많은 사람들이 관심 있어 하는 1인 방송 등 세 가지 분야에 대해 다루었다. 대중 스피치는 MC와 리포터로 활동했고 많은 제자들을 양성하고 있는 김주연 대표가 집필을 맡았다. 프레젠테이션은 다양한 강의 경력을 쌓은 남지윤 대표, 1인 방송은 방송 리포터와 쇼 호스트로 왕성하게 활동하고 있는 이솜귤 대표가 집필을 담당했다.

말하기 능력은
노력을 통해 얼마든지
키울 수 있다

　말하기 능력은 훈련과 습관을 통해 얼마든지 향상시켜 나갈 수 있다. 여러분도 각 분야 전문가들의 다양한 비결이 담긴 생생한 스피치 노하우를 읽고, 확신을 갖고 따라한다면 원하는 분야에서 자신 있게 말 잘하는 사람이 될 수 있을 것이라고 확신한다. 말 습관을 바꾸면 인생의 전반적인 부분들이 함께 변화되는 놀라운 경험을 하게 될 것이다.
　이 책을 집어 든 지금 당신의 변화는 이미 시작되었다.

기획
조헌주 작가

대화편

박두리

홍익대에서 국어국문학을 전공하고 스피치와 취업진로 교육을 전문으로 하는 강사이다. 아동도서 에디터, 리포터, 방송 전문 게스트로 활동했으며, 강사 지망생을 대상으로 프레젠테이션 및 스피치 교육을 100회 넘게 진행했다. 다양한 직업 경험을 바탕으로 대학 및 중고등학생의 진로고민과 취업고민을 돕고 있고, 공공기관과 기업, 단체에서 관계 소통이 어려운 사람들에게 커뮤니케이션에 관한 강의를 진행하고 있다.

1장

연애 잘하는 사람들의
대화 공식

연애 대화
+ 박두리 +

만나기 전, 카톡 대화가
이미지를 결정한다.

친한 친구가 소개팅을 한다며 연락이 왔다. 평소 남자를 적극적으로 만나지 않던 그녀였기에 호기심이 갔다. 소개팅이라면 다양한 경험이 있는 나는 그녀에게 도움을 주고 싶었다. 궁금한 게 참 많은 그녀였다. 같은 일이라도 사람마다 타이밍이 다른 것처럼 연애에 관한 그녀의 타이밍은 바로 지금인 듯했다. 그동안 했던 많은 소개팅 경험이 누군가에게 도움이 될 것이라는 사실에 나는 기분이 좋았다.

남녀가 만나 서로 통한다는 느낌을 언제 갖게 될까 생각해보았다. 처음엔 외모가 중요한 기준이 될 수도 있겠지만 외모가 전부는 아니다. 그 사람에게서 나오는 이미지와 그 사람이 하는 대화 습관 속에서 서로 관계를 지속시킬지 말지 결정하게 된다. 그래서 만남을 시작해 서로 특별한 관계가 되기 전까지, 또는 관계를 유지하기 위해서 자신의 대화 습관을 점검해 보는 게 좋다. 대화 습관을 통해 자신이 가진 매력을 찾아서 좀 더 발전시켜 나가면 좋을 것이다. 어떤 만남에서든 자신의 매력을 어필하는 것은 중요하니까.

자, 모르는 남녀가 서로 만나는 소개팅을 하기로 결정했다고 치자. 그렇다면 실제 소개팅이 시작되는 것은 어느 시점부터라고 말할 수 있을까? 소개팅을 하겠다고 결심했을 때일까? 아니면 처음 만나는 그 순간일까? 소개팅에도 심판이 있어서 '준비, 시작!'을 외쳐 줄 수 있다면, 그 시작 지점은 서로 첫 연락을 주고받는 그 시점이 아닐까 한다. 바로 카톡으로 하는 인사이다. 주선자로부터 연락처를 받아 '안녕하세요.' 라는 메시지를 보냈다면 소개팅은 그때부터 시작되는 것이다.

소개팅 전
읽씹하고 싶은 순간들

읽고 씹는(답변하지 않는) 행위를 일컫는 '읽씹'은 정말 무례한 행동이다. 소개팅을 하면서 읽씹한다는 것은 상대방에게도 주선자에게도 예의가 아니다. 그럼에도 불구하고 읽씹하고 싶다면 그 소개팅은 이미 망한 것이나 다름없다.

내가 20대 중반에 소개팅으로 만났던 B씨와의 대화가 딱 그랬다. 그는 S은행에 근무하고 있었는데, 지인의 소개로 만나기로 하고 처음으로 카톡으로 대화를 하게 됐다. 첫 인사와 몇 마디의 덕담까지는 좋았다. 그런데 서로의 직업에 대한 대화가 시작되면서 어긋나기 시작했다.

"하시는 일이 뭔지 제가 자세히 못 들어서요. 혹시 여쭤 봐도 될까요?"

"아! 저는 프리랜서예요. 방송 준비하면서 관련된 일을 하고 있어요."

"그렇군요. 그럼 회사는 어디쯤 있나요?"

"아… 저는 프리랜서라서 딱 정해진 회사는 없어요 ^^ "

"아아~ 그럼 출퇴근은 보통 언제쯤 하세요?"

"출퇴근 시간…은 따로 없어요. 제가 프리랜서라서…"

B씨는 '프리랜서'라는 직업 유형이 가진 특수성에 맞지 않는 질문을 이어갔다. B씨와 처음으로 카톡을 주고받던 그날 비가 왔다. 우산을 들고 휴대폰에 문자를 입력하며 나의 한숨은 커졌다. 과연 그가 프리랜서라는 단어의 뜻을 제대로 아는 것인가 하는 의구심이 들기 시작했다. 대화에 지쳐가고 있다는 신호를 주었지만 그는 눈치채지 못했다. 하루 종일 삐걱대는 대화에 시달리던 나는 집에 오자마자 휴대폰을 집어 던졌

다. 그리고 그 남자와는 만나지도 않고 소개팅을 접었다.

B씨와 대화하는 내내 '읽씹'하고 싶은 욕구를 꾹 눌러 참았다. 하지만 B씨는 눈치가 없었다. 잘못된 대화를 하고 있다는 신호를 알아채지 못했다. 프리랜서를 강조하는 내 말에 집중하지 못했고, 일반 회사원에게 던질 법한 질문을 이어갔다. 결국 대화의 맥락도 놓치고, 상대의 기분마저 불쾌하게 만든 것이다.

만나기 전 카톡 대화는 간단한 자기소개와 만날 장소, 시간을 정하는 것이 일반적인 대화 진행 순서다. 조금 더 나아가면 상대를 탐색할 수 있는 소중한 기회이다. 주선자가 준 정보 말고 상대 남자 혹은 여자의 센스와 대화 습관을 엿볼 수 있기 때문이다. 어떻게 카톡을 보내는지에 따라서 호감을 살 수도 비호감이 될 수도 있다. 우리의 목적은 최소한 '비호감만 되지 말자'인데 여기엔 눈치가 꽤 필요하다. 상대방이 필요한 정보만 나눈 후 대화를 종료하기를 원하는지, 어느 정도 친밀감을 형성하기를 원하는지 알아야 하기 때문이다. 생각보다 만나기 전에 긴 대화를 주고받는 것을 부담스러워하는 사람이 많다. 지금 상대가 부담스러워하는지 카톡 말투를 잘 살펴야 한다. 답변이 점점 짧아지거나 답변하기 전 시간이 길어진다면 "그럼 만나서 얘기해요."라며 대화를 끝내야 한다. 읽씹 하고 싶은 욕구를 군이 부를 필요는 없으니까 말이다.

평소 친구들과의 카톡에서 '눈치가 없다.'거나 '이해가 안돼?' 등의 말을 자주 듣는 편이라면 더 신중하자. 그동안 카톡을 하며 대화의 흐름을 잘 읽지 못했다면 지금부터라도 노력해야 한다. 상대방이 왜 말줄임표를 썼는지, 이모티콘만 연속으로 보내는 이유는 무엇인지 생각해 보는 것이 시작이다. 텍스트를 통해서 서브 텍스트를 읽어야 한다는 것이다. 서브 텍스트는 대사로 표현되지 않은 생각, 느낌, 판단 등의 내용을 말하는 개념이다. 카톡 대화도 말 습관이라서 쉽게 고쳐지지는 않는다. 하지만 카톡 말 습관을 성형해 나가면 소개팅뿐 아니라 많은 대화 속에서 호감을 불러일으킬 수 있다.

센스는 분명 타고나는 게 있다. 누가 가르쳐주지 않았는데 만나기 전 카톡 대화로 긍정적인 이미지를 만드는 사람도 많다. 그래도 중요한 건 노력하는 센스가 더 아름답다는 거다. 읽씹하고 싶은 순간들을 만들었던 당신, 사람들과 주고받은 카톡을 되짚어 보자. 대화의 맥락을 정확하게 읽고, 자연스러운 흐름을 어떻게 만들지 고민해 보라. 두 가지만 잘해도 이미 당신은 만나고 싶은 사람이 되어 있을 것이다.

"뭐 좋아하세요?"

만나기 전 카톡 대화에서 가장 많이 묻는 질문 중 하나이다. 카톡 대화를 통해 자신을 소개했다면 이제 어디에서 첫 만남을 할지 정해야 하기 때문이다. 소개팅은 대체로 차를 마시거나 식사를 하는 등 무언가를 먹으면서 진행된다. 상대의 취향을 고려해 장소를 정하기 위한 질문에 가장 성의 없는 답변이 '아무거나'이다.

'아무거나'는
이제 그만

소개팅뿐 아니라 친구들을 만날 때도 '아무거나' 좋다고 말하는 친구가 있다. 하지만 막상 때가 되면 꼭 선택에 참견하고 토를 단다. 소개팅에서도 아무거나 다 좋다고 해놓고, 뒤늦게 메뉴를 정한 사람의 센스를 운운하는 일이 다반사다. 함께 만나는 자리에서 왜 메뉴 선정의 책임은 한 사람만 져야할까? 아무거나 좋다는 말로 책임을 떠넘기지 않으면 긍정적 이미지를 형성할 수도 있다.

나는 지금의 남편을 소개팅으로 만났다. 처음 그를 만났을 때 나는 페스코 베지테리언pesco vegetarian이었다. 채소류, 유제품, 해산물은 허용하되, 조류를 비롯한 육류는 먹지 않는 채식주의자였던 것이다. 그래서 대부분의 사람들은 나와 만날 때 무얼 먹어야 하는지 어려워했다. 그런 경험이 있었기에 나는 소개팅 장소를 정할 때 내가 먼저 보기를 제시했다. 세

가지 메뉴를 선정하고 괜찮은 레스토랑 리스트를 그에게 전송했다. 아무거나 좋다고 하는 건 선택하는 입장에서는 엄청난 부담이 될 거라 생각했기 때문이다.

이렇게 하면 소개팅 장소 및 메뉴 선정에 대한 책임은 5:5로 공평하게 갖는다. 보기를 제시한 나와 보기 중 한 곳을 선택한 그의 공동 부담인 셈이다. 소개팅 날 그는 이렇게 첫 만남에서 보기를 제시해 준 사람이 처음이라며 칭찬했다. 그리고 부담이 덜해서 좋았다고 했다. 그런 나의 행동이 그에게 처음부터 호감을 주지 않았나 생각한다.

"센스 있는 사람이라고 생각했어요. 어디를 갈지 고민하는 걸 알아채고 딱 제시해 주니까 고마웠죠, 사실."

만나기 전부터 메뉴 선정, 장소 선정을 상대방에게 미루는 것은 무책임한 행동이다. 소개팅에서 많은 사람이 결과가 좋지 않으면 상대방에게 책임을 떠넘기는데, 문제는 그런 사실을 스스로 의식하지 못한다는 것이다. 내 친구 S도 이런 말을 한 적이 있다. "아무거나 좋다는 게 왜? 나는 다 포용할 수 있으니까 마음대로 하라는 건데?" 하지만 S는 첫 만남에 국밥을 먹으러 가도 좋다고 할 친구는 아니다. 정말 다 포용할 수 없다면 이제 '아무거나'는 거둘 때다. 상대에게 선택의 자유를 주는 것이 아니라 책임을 전가하는 말이기 때문이다.

만나기 전, 자신의 이미지가 무책임한 사람으로 비치길 원하는 사람은 없을 것이다. 센스 있고 배려 있는 사람으로 보이고 싶은가? '아무거나'를 지우고 함께 질문해 보자. 좋아하는 메뉴가 있는지, 요즘 생각나는 음식이 있는지 메뉴 선정을 함께 만들어 가는 거다. 함께 가 볼 만한 곳을 안다면 먼저 아이디어를 제시해도 좋다. 카톡 대화로 만들어낸 작은 변화가 소개팅에서도 분명 훈훈한 분위기를 가져올 것이다.

사람들은 소개팅 전 주고받는 카톡을 프로필 사진 확인용으로 생각하기도 한다. 하지만 프사보다 카톡 대화가 상대방에 대한 이미지에 더 많은 영향을 끼친다. 우리가 생각하는 것보다 훨씬 많이 문제가 되기도 한다. 만나고 싶은 사람이 될 수도 있고, 그렇지 않은 사람이 될 수도 있는 것이다.

카톡 대화의 소재는 가볍지만 그 의미를 가볍게 생각하면 안 된다. 긍정적인 이미지를 전달하고 싶다면 카톡 대화부터 차근차근 신경 써 보는 걸 추천한다. 프로필 사진은 순간이지만 카톡 대화의 여운은 길다. 충분히 자신의 좋은 이미지를 만들 수 있다.

2

다시 만나고 싶게 만드는
사람들의 대화법

소개팅 100번, 애프터 성공률 90%! 화려한 전적을 가진 프로 소개팅러가 밝히는 바, 소개팅을 100번 해도 만나서 하는 얘기는 다 거기서 거기라는 것이다. 처음 만난 남녀가 적어도 세 시간 동안 어떤 이야기를 주고받을 수 있을까? 누구나 생각하기 쉬운, 많은 사람이 알 만한 주제가 등장한다. 예를 들어 요즘 인기 있는 영화, 드라마, 여행, 날씨 등일 것이다. 조금 다른 대화 주제가 있다면 가끔 주선자 뒷담화 정도이다.

주말마다 소개팅을 하던 20대 중반 시절, 이렇게 비슷한 주제로 대화를 하는 바람에 토요일 남과 일요일 남이 서로 헷갈린 적도 있다. 그만큼 소개팅에서 나누는 대화 소재는 신기할 정도로 비슷하다. 조금 특별한 이야기가 하고 싶지만 쉽지 않다. 첫 만남이니만큼 조심스럽고, 서로의 공통점을 찾아 친밀감을 형성해야 하기 때문이다.

"여행 좋아하세요?"

"네, 돌아다니는 거 좋아해요."

"저도 여행하는 거 좋아해서 최근에 태국 다녀왔어요."

"아 정말요? 저도 태국에 간 적 있는데…. 태국 어디요?"

"전에 방콕을 다녀와서 이번에 치앙마이에 갔어요."

여행이라는 주제 하나면 적어도 30분 이상은 편안한 대화를 나눌 수 있다. 두 사람은 처음 만났지만 '공통 관심사'가 있는 사이가 된다. 공통 관심사가 있다는 건 관계를 형성하는 데 큰 힘이다. 같은 고민을 하거나, 같은 처지에 있는 사람과 쉽게 가까워지는 것도 공통점이 많기 때문이다. 나와 같은 생각을 하는 사람과는 말하기가 편하고 대화가 재미있다.

공통 관심사가 될 만한
주제를 공략하라

보통 이렇게 대화가 잘 통하는 모습을 탁구 치는 모습에 빗대어 '핑퐁핑퐁이 잘 된다.'고 표현하기도 한다. 대화가 좋은 흐름을 타기 시작하면 우리는 상대방과 내가 '잘 통한다.'고 생각하게 된다. 더 말하고 싶고, 더 듣고 싶은 이야기가 있다면 90% 이상 소개팅 애프터는 성공한 셈이다. 그래서 소개팅에서 등장하는 주제는 대체로 많은 사람들이 관심을 갖고 있어 공통점을 찾기 쉬운 것들이다.

문제는 그럼에도 불구하고 대화가 자꾸만 끊기는 소개팅이다. 막연하게 '잘 되겠지.'라고 생각하고 대화에 대한 준비를 하지 않은 경우에는 두 사람 사이에 정적이 자주 흐른다. 처음 만나는 자리라면 누구나 나눌 수 있는 대화 주제라도 미리 대비를 해야 한다. 식사 메뉴를 준비하는 것처럼 대화 메뉴도 다양하게 갖춰놓고 있어야 어색한 침묵이 흐르는 것을 막을 수 있다. 정적과 침묵은 잠시 잊고 있었던 어색함을 불러와 자리를 불편하게 만든다. 자꾸 반복되면 '아, 이 사람하고는 안 맞아.'라는 생각으로 이어진다.

나는 대화가 끊겨 조용한 시간을 유독 못 견뎌했다. 그래서 대화를 이어가려는 노력을 늘 했다. 관심사가 달라도 적극적으로 리액션을 했고, 상대가 어떤 이야기를 꺼내도 대체로 잘 받아주었다. TV를 좋아해서 얇고 넓은 지식을 갖고 있는 것이 한몫했다. 나의 노력으로 어색한 시간을 피할 수 있었던 소개팅에선 꼭 애프터 신청이 왔다. 대부분 거절했지만.

대화의 흐름은 끊기지 않았지만 혼자 노력하면서 지쳤기 때문이다. 만남의 여운이 즐거움이 아니라 힘들었던 기억으로 남았다. 반면 상대방은 분위기가 좋았다고 착각했다. 이처럼 한 사람만 노력해서는 결과가 좋을 수 없다. 자신은 소개팅이 성공적이었다고 생각하는데 애프터를 거절당한 적이 있다면 돌이켜 생각해 볼 필요가 있다. 과연 나는 대화를 이끌기 위해 얼마나 노력했는가에 대해 말이다.

대화의 흐름이 이어질 만한 주제와 소재를 먼저 준비하자. 가볍게 그날의 날씨 이야기로 시작하는 것이 무난하다. 주변의 사물이나 상대의 소지품을 보고 질문을 던지는 것도 좋다. 상대방의 관심사나 직업 분야에 대해 사전지식까지 갖춘다면 더할 나위 없을 것이다. 이야기를 시작하고 이어가려는 노력은 상대방에게 감동이 된다. 그런 모습을 보면 없던 호감도 생길 수 있다. 물론 리액션은 필수다. 소개팅에 성공하려면 화제가 끊이지 않아야 한다. 흔한 주제, 빤한 이야기라도 상대가 달라지고, 리액션이 풍부하면 다르게 진행될 수 있다. 이야기가 있는 만남은 쉽게 잊히지 않는다.

잘 모르면서 아는 것처럼 말하는 거 그거 진짜 위험한 거예요!

20대 초반, 인턴 기자에 응시했던 한 신문사 면접에서 호되게 혼이 났다. 당시 KBS에서 방영되었던 인기 드라마 〈추노〉의

인기 비결을 묻는 질문이었다. 다른 면접자들이 답변하는 동안 스치듯 읽었던 〈추노〉 관련 기사 하나를 기억해냈다. '레드 원' 카메라를 이용해 넘치는 영상미가 있다는 기사 내용을 인용해 열심히 답했다. 기술적 측면에서 접근한 것은 나 혼자였고 왠지 우쭐했다. 그러나 돌아온 것은 날카로운 추가 질문이었다.

"레드 원 카메라를 쓰면 뭐가 좋은데요?"

"음…, 빠른 액션을 속도감 있게 잡아낼 수 있고…."

"레드 원 카메라가 뭔지는 알아요? 봤어요? 그걸로 찍는 거?"

"아, 기사를 읽었습니다…."

"레드 원 카메라는 심도 조절이 가능한 카메라라서 주인공에게 더 집중할 수 있게 하는 기술이 있는 거예요. 뭐 잘 알지도 못하면서 아는 것처럼 말하고 그래요?!"

부끄러움에 얼굴이 달아올랐다. 그 이후에는 면접을 어떻게 이어갔는지 잘 기억이 나지 않는다. 인턴 기자를 뽑는 자리에서 기사 한 줄에 기대어 아는 척했던 건 정말 큰 실수였다. 자신을 돋보이게 하고 싶은 욕심에 면접을 망친 것이다.

소개팅이 면접은 아니지만 상대방에게 자신을 드러내 보이고 싶은 욕심을 갖는 건 마찬가지이다. 상대에게 멋진 사람으로 기억되고 싶고, 한 번 더 만나고 싶은 사람으로 보이길 바란다. 그런 욕심 때문에 '척' 하는 실수를 저지르는 것이다. 지나친 자신감에 잘난 척하고, 선입견을 가지고 아는 척하고, 재력을 과시하고 싶어 있는 척을 한다. 그리고 자신이 그런 류의 '척척' 박사라는 사실을 미처 깨닫지 못한다.

내가 만났던 척척박사의 시작은 '아는 척' 박사님이었다. L전자에 다니던 A씨. 친한 오빠와 죽마고우라고 해서 성격 하나는 믿고 나간 소개팅에서 뒤통수를 맞았다. 문제 대화는 주량 이야기에서 시작됐다.

"주량이 어떻게 되세요?"

"아, 저 술 못해요."

"아니 뭐 술은 저도 못해요. 뭐 술 잘하는 사람이 어디 있어요. 그냥 마시는 거지."

술 못한다고 말하는 내가 내숭이라도 떠는 줄 알았는지 A씨는 비아냥거렸다. 당시 맥주 한 캔도 채 마시지 못했던 나였다. 기분이 상해 얼굴에 웃음기가 사라졌다. 진짜 술을 전혀 마시지 못한다는 사실을 알려주자 A씨는 수차례 사과했다. 하지만 이미 때는 늦었다. 잘 알지도 못하면서 자신의 고정관념으로 상대를 판단하고 아는 '척'을 해버린 것이다. 상대를 꿰뚫어보고 있다는 지나친 자신감이 그 날의 소개팅을 망쳤다.

'나는 당신이 왜 그런 말을 하는지 알고 있습니다.'는 식의 대화는 위험하다. 소개팅은 상대를 파악하는 과정이지 판단하는 자리가 아니다. 선입견이나 고정관념으로 쉽게 판단하는 순간 섣부른 아는 척이 시작된다. 잘 알지도 못하면서 아는 척하는 것은 예의의 문제이기도 하다. 내가 면접에서 호되게 혼이 났듯이 그런 태도는 소개팅에서도 화를 부른다.

쉽게 아는 척하기 전에 질문을 먼저 던져 보자. 당신이 말한 말의 뜻이 내가 생각하는 의미가 맞느냐고. 상대방으로부터 대답을 직접 듣는 것이 당신의 '척'을 막아줄 것이다. 하마터면 오해할 뻔했다고 솔직하게 털어놓는 것도 괜찮다. 오히려 아는 척하는 것보다 훨씬 더 예의 있는 대화를 할 수 있다. 만약 A씨가 내게 '술을 전혀 못하시는 거예요?'라고 물었다면 '맥주 한 캔도 못 마셔요.'라고 말해 주었을 것이다. 술을 못 마셔서 생긴 이야기로 대화를 이어갔을지도 모른다.

아는 '척'에 잘난 '척'까지 겸비한 '척척' 박사님도 있었다. 홈쇼핑 방송을 준비하던 시절, 케이블 채널에서 아나운서를 지낸 F씨와 소개팅을 했다. F씨는 방송 준비를 하는 내게 조언을 아끼지 않았다. 유명 홈쇼핑 쇼 호스트 친구와의 돈독한 우정 과시도 잊지 않았다. 식사 하는 내내 나는 내가 F씨의 후배가 된 줄 알았다. 쏟아지는 방송에 대한 그의 충고에 정신을 차릴 수가 없었다. 과연 내가 소개팅을 하는 것인지 선배와 담화를 하는 것인지 알 수 없었다. 결국 나는 급체를 했고 다시는 그가 보기 싫었다. 그의 넘치는 지식 자랑과 잘난 '척'은 사람을 질리게 했다.

소개팅이 자신을 뽐내는 자리지만 '누가 누가 더 잘났나.' 선발하는 대회는 아니다. 내가 아는 것, 내가 잘하는 것을 선보이는 쪽으로 대화를 이끌어 가지 말자. 이야기의 주도권을 쥐고 알고 있는 지식을 늘어놓는 것은 쓴웃음을 짓게 한다. 상대방이 주제에 관심은 있는지, 하고 싶은 이야기는 없는지 배려해 보자. 자기 자랑을 하느라 대화 방향이 어긋나 있을지도 모른다. 대화 중에 잘 아는 이야기가 나왔더라도 상대방의 말을 먼저 들어주는 것도 필요하다. 더 많이 알고 있으니 여유를 갖고 기다리자. 배려하고 기다리는 자세만 갖춰도 잘난 '척'에서 박학다식한 사람으로 바뀔 수 있다.

어떤 자리에서든 '척' 하는 사람은 다시 만나고 싶지 않다. 연인이 될지도 모르는 사람을 만나는 소개팅에서는 더더욱 그렇다. 내가 가진 '척'이 입 밖으로 나설 때, 기억하자. 누구도 '척척' 박사를 진심으로 호감을 갖고 대하지는 않는다.

썸, 당신이 놓치면 안 될
하트 시그널

요즘 따라 내꺼인 듯 내꺼 아닌 내꺼 같은 너
니꺼인 듯 니꺼 아닌 니꺼 같은 나
이게 무슨 사이인 건지 사실 헷갈려 무뚝뚝하게 굴지 마

                                  -소유, 정기고의 〈썸〉 중에서

　연애를 시작하기 전 가장 설레는 시간, 바로 썸이다. 호감을
가진 남녀가 서로의 마음을 조심스레 확인해 나가는 과정이
다. 썸을 타다가 연애로 발전하기도 하고, 관계가 끊어지기도
한다. 연애의 방향으로 가기 위한 하트 시그널엔 과연 어떤
것들이 있을까? 다음 단계로 관계가 발전하기 위해서는 하트

시그널을 잘 보내는 것도, 상대가 보낸 하트 시그널을 잘 알 아채는 것도 중요하다.

내가 너를 미워한 지도 좀 됐어
하루 종일 내가 연락하는 것마다 무심해 보여
솔직히 그리 부담 주지도 않은 것 같은데 넌 왜
　　　　　-윤딴딴의 〈잘 해 보려는 나 알 수 없는 너〉 중에서

속도조절이
필요해

20대 후반에 금융맨 K씨를 만났다. 즐거운 분위기로 소개 팅을 마쳤고, 두 번째 데이트를 약속했다. 나는 K씨를 좀 더 알아보고 싶었고, K씨도 내게 호감을 꽤 표현한 상태였다. 두 번째 데이트 장소는 K씨의 단골집이었다. 단골집 사장님께 특별히 신경써달라고 말하는 그의 모습에 괜스레 웃음이 났 다. 훈훈한 분위기 속에서 식사를 하던 중 K씨가 결혼 이야기 를 했다. "결혼하기 좋은 여자 같아요."라는 칭찬에 감사하다 고 답했다. 그러자 그는 내게 덜컥 자신의 가정사를 털어 놓 았다. 순탄하지 않은 K씨의 가정사를 듣기에 나는 너무 부담 스러웠다. 어려운 마음에 몇 번이고 말을 돌리려 노력했지만

그는 포기하지 않고 이야기를 이어갔다. 엄마와 친구처럼 지내는 내가 K씨 가족에게 필요한 사람인 것 같다고도 했다.

더 이상 식사를 할 수 없었다. 도망가고 싶었다. 더 만났다가는 상견례하자고 할 것 같아 달아나듯 K씨와의 관계를 정리했다. 아무리 내가 마음에 들어도 좀 참았어야 했다. 두 번째 데이트에서 할 만한 이야기는 아니었다. 서로에게 호감을 가지고 있는 관계였지만 깊고 무거운 이야기까지 주고받기에 너무 이른 타이밍이었다. 나는 아직 출발선에 설까 말까 망설이고 있는데 K씨는 혼자 마라톤 반환점을 돈 것이다.

마음이 급하면 될 일도 되지 않는다. 연애할 때도 마음만 앞서다가 물을 엎지르는 경우가 허다하다. 두 번째, 세 번째 데이트를 할 때는 서로의 관심사를 좀 더 드러내는 데 집중하는 것이 좋다. 서로의 일상과 취향을 공유하는 정도가 적당하다. 그런 가운데 공통점이 늘어난다면 마음의 거리를 좁힐 수 있다. 썸을 시작한 초반에는 이렇게 차근차근 가까워지는 것이 필요하다. 아직 마음의 거리가 상당한데 급하게 훅 가속도를 밟는 것은 전혀 도움이 되지 않는다. 상대에게 부담만 줄 뿐이다. 아무리 마음에 드는 상대를 만났더라도 속도조절에 신경 쓰자.

급발진은 사고를 부른다.

지겹게 들었던 잔소릴 듣고

끝내지 못한 할일을 열고

괜히 눈치를 보다가

문득 창밖을 보다가 문득

좋은 생각이 났어 니 생각

그냥 웃음이 났어 나도 모르게

-하상욱, 옥상달빛의 〈좋은 생각이 났어, 니 생각〉 중에서

'기억'하고 '표현'하는
시그널의 대단한 효과

지금의 남편이자 남자친구였던 C씨는 나와 썸을 타는 동안 소개팅에서 나눈 대화를 잊지 않았다. 내가 좋아한다고 했던 음식이나 하고 싶어 했던 것들을 기억하고 있었다. 소개팅에서 꽤 긴 시간 대화를 나누었는데, 그때 했던 말들을 이후의 대화에서 하나씩 꺼냈다.

"전에 연어를 좋아한다고 해서 연어 초밥 맛있게 하는 집을 찾았는데 우리 주말에 같이 먹으러 갈래요?"

"요즘 날씨 좋으니까 다음에는 우리 한강에 가는 거 어때요?"

"게가 제철이라 맛있을 때잖아요. 아, 그때 양념게장 좋아한

다고 했죠?"

　이런 식으로 말을 건네니 내 말을 기억해 주고 있다는 사실에 기분이 좋았다. 그에게 내가 소중한 존재가 되어가는 것 같았다. 물론 데이트 약속도 물 흐르듯 잡게 되었다. 연어 초밥을 먹으러 갔고, 한강 데이트를 즐겼다. 사실 썸을 탈 때는 서로에게 책임감이 약하기 때문에 언제든 관계를 종료할 수 있다. 그런데 이렇게 지난 대화를 현재로 이어서 하게 되니, 미래로 자연스럽게 연장되었다. 과거의 기억이 미래를 만드는 것이다.

　상대방의 관심사나 취향을 기억하는 것은 그 자체로 관심의 표현이다. 사소한 말 한 마디를 기억해 주는 것이 엄청난 이벤트를 하는 것보다 감동일 수 있다. 연애 추리 프로그램 채널A 〈러브게임 하트 시그널〉 시즌 2에서도 같은 장면이 나왔다. 여자 참가자 임현주씨에게 호감이 있는 남자 참가자 김도균씨는 '입력'이라는 단어로 많은 이들을 설레게 했다. 임현주씨가 좋아한다고 말하는 것마다 김도균씨는 소리 내어 '입력'이라고 답하며, 그녀의 정보를 하나씩 기억했다. 그리고 입력했던 정보를 토대로 그녀에게 다가갔다.

　썸을 타는 상대방의 이야기를 귀 기울여 들어 보자. 그리고 마음에 메모를 하자. 그 사람이 무엇을 좋아하는지, 어떤 것에 관심이 있는지 기억한다면 다음 만남에 아주 좋은 대화 주제가 된다. 자신에 대한 이야기를 기억하고 표현해 주는 사람은 '또 만나고 싶다.'고 생각하게 된다. 단숨에 마음이 움직일 수도 있다. 한 가지 팁을 더하자면 상대방과 나를 '우리'라는 공동체로 묶어서 표현해 보라. 금세 친밀한 사이가 된 느낌을 줄 테니.

나는 너를 좋아하고 너를 좋아하고
너도 나를 좋아하고 나를 좋아하고
우린 서로 좋아하는데도 그 누구도 말을 안 해요
말을 하면 멀어질까 너무 두려워
너를 잃기가 나는 너무 무서워

-신현희와 김루트의 〈오빠야〉 중에서

변화구보다는
솔직한 직구가 낫다

남편이 된 C씨와 연애를 시작한 계기도 바로 직진이었다. 약 한 달간 썸을 타던 나와 C씨는 서로 좋은 감정을 가지고 있다는 것을 알고 있었다. 하루는 C씨가 묻지 마 데이트를 계획했다. 내게 어디로 가는지 알려주지 않은 채 차를 타고 달렸다. 도착한 곳은 서울서 가까운 바닷가였다. 그곳은 전에 C

씨가 말했던 자신만의 힐링 장소였다. 혼자 생각하고 싶은 일이 있거나 문득 답답할 때 찾는 곳이라고 했다. 자신의 공간에 나를 데려간 것이다. 그는 말이 아닌 행동으로 확신을 주려고 했던 것 같다. 하지만 난 더 확실한 직구가 필요했다. 나를 집에 데려다 주는 차 안에서 C씨에게 물었다.

"나한테 뭐 할 말 없어요?"
"음? 무슨 할 말이요?"
"오늘 해야 할 것 같은 말이요. 있을 텐데…?"
"오늘 해야 할 것 같은 말이요?"
"네, 오늘이 그날이에요. 이제 뭐 할 말 생각나요?"
"아…!"
"(웃음) 왜 바닷가에서 사귀자고 안 했어요?"

나는 적극적으로 그에게 신호를 보냈다. 오늘이 썸의 종지부를 찍어야 하는 날이라고. 제대로 직구도 던졌다. 직접 고백은 아니었지만 '사귀자'는 말을 먼저 꺼내면서 그에게 확신을 줬다. 나는 이미 C씨만의 공간에 갔을 때, 직구를 던져도 피하지 않고 잘 받아줄 거라는 확신을 받았기 때문이다. 그렇게 우리의 연애는 시작되었다.

본격적인 연애를 시작하기 전, 우리는 서로의 마음을 확인하고 싶다. 나에 대해 어떻게 생각하는지, 정말 내게 마음이 있는 건지 한없이 궁금하다. 그러면서 내 마음을 들키기는 싫다. 서로에게 호감이 있다는 것을 알지만 상대방의 마음을 확신할 수 없기 때문이다. 자신이 느낀 감정이 착각일까 봐 두려워지는 것도 사실이다. 그래서 주변에 연애 조언을 가장 많이 구하는 시기도 썸을 타는 기간이다.

연애와 썸의 차이점은 책임감에 있기 때문에 썸을 탈 때는 설렘과 동시에 불안감이 함께 찾아온다. 그래서 자꾸만 변화구를 던진다. 마음을 애매하게 표현하고, 상대의 마음을 떠보느라 바쁘다. 상대방이 확신을 줄 때까지 내 마음도 제대로 보여주지 않는다. 이렇게 불안한 관계에서 애매한 표현과 돌려 말하기를 반복하는 것은 관계에 도움이 되지 않는다.

연애 추리 프로그램 〈러브게임 하트 시그널〉 시즌1에서 최종 커플이 된 장천씨와 배윤경씨를 보면 더 잘 알 수 있다. 프로그램 초반에 배윤경씨는 다른 남자 참가자 서주원씨와 거의 확정된 커플 같았다. 초반부터 서로에게 호감을 느끼고, 데이트를 진행하면서 많이 가까워졌다. 그러나 프로그램 중반 이후부터 확실하지 않은 불안한 시그널이 오가면서 둘 사이가 틀어졌다. 직구를 원하는 서로에게 자꾸 변화구만 던지다 보니 심적 갈등이 해소되지 않은 것이다. 그러던 중 배윤경씨를 관심 있게 보던 장천씨가 제대로 직구를 연달아 던졌다. 그때 장천씨가 서주원씨에게 했던 말이 있다. "(나는 윤경이의 마음을) 몰라도 돼, 몰라도 그냥 나는 가는 거야." 결국 배윤경씨의 마음은 의심하지 않고 묵직한 직구를 던졌던 장천씨에게 향했다.

누구에게나 상대방의 마음을 확인하고 싶은 건 당연한 욕구이다. 내 마음을 보여주지 않고, 빙빙 맴돌면서 상대에게 속마음을 열어달라는 건 욕심이다. 내가 먼저 확신을 준다고 해서 지거나 패배하는 것이 아니다. 내 마음이 확실하다면 불안함을 이겨내고 직진하자. 관계의 시작을 알리는 시그널이 될 수 있다. 상대방이 '우리'라는 말에 호의적이라면, 나와의 데이트에서 행복한 모습이라면 확신의 시그널 직구를 던져보자. 어렵지 않다.

4

말하지 않아도 알 거라는 착각은 버려라

노래방에 갔을 때 가장 신나는 순간은 마지막 곡을 부를 때이다. 빠른 템포의 흥겨운 곡을 정해서 모두 방방 뛰며 즐기기 때문이다. 마지막 순간이 아니면 계속 노래방 책만 보면서 자신이 부를 노래에만 신경 쓰는 친구가 꼭 한 명 있다. 함께 노래를 흥얼거리는 것은 바라지도 않을 테니 탬버린이라도 조금 쳐주면 좋겠다는 생각이 들기도 한다. 작은 행동 같지만 반복되면 점점 그 친구와 노래방에 가기 싫어진다.

그런데 노래방 책만 보며 내 노래에는 관심이 없는 듯한 친구가 내 연인이라면? 그 서운함은 두 배, 세 배가 된다. 꼭 노래방에서만 있는 일은 아니다. 대화를 할 때도 내 말에 반응이 없는 나의 연인을 보고 있노라면 그대로 일어나 가고 싶다. 나만 혼자 떠드는 느낌은 참 관계를 힘들게 한다.

"여보세요? 듣고 있어?"

연애 초반, 남자친구 C씨와 전화 통화를 하던 중 당황한 채 물었다. 오늘 있었던 재밌는 일을 얘기하는데 오랫동안 아무 소리가 들리지 않아 전화가 끊어진 줄 알았다. C씨는 "재밌게 잘 듣고 있었는데, 왜?"라며 의아해 했다. "오빠가 아무 말도 안 하고 있으면 내가 잘 듣고 있는지 알 수가 없지. 전화 끊어진 줄 알았어." 속상한 마음을 감출 수가 없었다. 하고 있던 이야기도 하기 싫어졌다.

끄덕 끄덕 해주는 게 그리 어려운가?

전화 통화를 할 땐 얼굴을 볼 수 없다. 이때 '어, 응, 그래' 등의 기본적인 호응의 말을 하지 않는다면 상대는 허공에 대고 이야기하는 기분이 든다. 내 이야기를 잘 듣고 있는지, 재미있는지 상대의 반응을 전혀 알 수 없기 때문이다. 아무리 적극적으로 듣고 있어도 말하는 사람이 알 수 없다면 무슨 소용인가.

커뮤니케이션에서 가장 좋은 경청은 '공감적 듣기'이다. 열심히 귀를 기울여 듣는 것을 넘어 맞장구치고 호응하며 듣는 것을 말한다. '아, 정말?' '진짜?' '우와!' 등의 감탄사나 앞서 말했던 '어, 웅' 같은 기본적인 호응어만 잘해도 대화는 술술 풀린다. 노래방에서 탬버린을 흔드는 것도 같은 맥락이다. 굳이 호응하지 않아도 괜찮을 거라는 허황된 믿음은 버려야 한다. 여자든 남자든 내 말에 공감하고 반응해 주는 사람을 마다할 리 없다.

그동안 공감적 듣기를 하지 않았던 남자친구 C씨에게도 호응을 해달라고 부탁했다. 처음에는 쉽지 않았다. "뭔가 말을 끊고, 끼어드는 느낌이 들어." C씨는 남자들과의 대화에서는 이렇게 하면 핀잔을 듣는다고 했다. "중간에 말을 끊는 것 같을 정도로 길게 하는 게 아니라 짧게 '내가 너의 말을 듣고 있어.'라고 신호를 준다고 생각해 봐." 어려워하는 C씨에게 몇 가지 예시를 주었다.

첫째, '~했는데.'라며 문장과 문장을 이어가며 한 템포 말을 쉴 때.
둘째, '~잖아.' '그렇지 않아?' 등 동의를 구하는 듯한 말을 할 때.
셋째, 하나의 이야기가 끝났을 때.

첫 번째, 두 번째에서는 간단한 호응어나 대답 정도면 좋다. 짧게 '응!' 했을 뿐인데 소통하는 느낌이 살아나고 이야기를 이어서 하고 싶은 욕구가 충족된다. 여자들끼리 대화하는 것을 잘 들어 보면 호응어의 사용을 더 잘 알 수 있다. 마지막 세 번째에는 이야기를 모두 들은 후의 공감적 반응이나 짧은 감상평 정도를 전달한다고 생각하면 된다.

당시 남자친구였던 C씨는 차근차근 노력하는 모습을 보여 주었다. "지금이야, 지금 '응' 하면 돼." 나는 대화 중간에 호응의 타이밍을 알려주려고 일부러 말을 한 템포씩 쉬었다. 하루 아침에 짠~ 하고 변하지는 않았다. 말 습관은 그리 호락호락하게 바뀌지 않는다. 그래도 지금은 전화 통화를 하면서 "듣고 있어?"라고 묻지 않는다. 얼굴을 보며 대화할 때도 자연스러운 끄덕거림과 간단한 호응 덕분에 풍성한 이야기를 한다.

공감적 듣기는 '나는 당신의 말을 귀 기울여 듣고 있어요.'라는 관심의 표시다. 내 말을 잘 듣고 있는지, 다른 생각을 하는지 알 수 없을 때 우리는 불안해진다. 이런 불안감은 소개팅을 하거나, 썸을 탈 때보다 오히려 연애 중에 생길 때가 많다. 연인이라서 당연히 알 것이라는 근거 없는 자신감이 그녀(그)를 실망하게 한다. 연인이 말을 하면 열심히 관심을 표현하자. 끄덕끄덕 해주는 게 그리 어려운 일은 아니니 말이다.

알아주길 바란다면
말로 표현해라

[다음 시를 읽고 밑줄 친 단어가 함축적으로 내포하고 있는
의미를 고르시오.]

머언 산 청운사 / 낡은 기와집 //

산은 자하산 / 봄눈 녹으면 //

느릅나무 / 속잎 피어 가는 열두 굽이를 //

청노루 / 맑은 눈에 //

도는 / 구름.

– 박목월 〈청노루〉

① 역사적 현실 ② 시련과 고난 ③ 아름다운 자연 ④ 현실에 없는 이
상향 ⑤ 화자의 내면

입시를 치른 사람들이라면 한번쯤 풀어봤을 만한 언어영역
문제다. 대체로 교과서나 문제집에 나온 해설을 암기해서 문
제를 풀곤 한다. 정말 문제를 근본적으로 생각해 보지는 않는
다. 저 단어가 함축하고 있는 의미는 무엇일까? 시인은 정말
답안지에 있는 뜻을 담아 시를 썼을까? 시인이 생존해 있어

서 '나는 이런 의미로 이 단어를 썼어요.'라고 말해주지 않는 한 진짜 단어의 의미는 알 수 없다. 추측만 가능할 뿐이다. 그 래서 이런 문제를 두고 답답해하는 학생들도 종종 있다.

함축적 의미를 찾는 시험문제는 연애할 때도 등장한다. 속 마음과 다른 말을 하고 연인이 알아채 주기를 바라는 '연애 언어영역 문제'이다. 보기 좋게 정리된 해설지가 없어 '연애 언어영역 문제'는 더 어렵다. 문제를 내는 사람은 기대했다가 실망하고, 문제를 맞히는 사람은 힘들어한다. 이렇게 시험을 치르듯 연애 대화가 이어지면 서로 지칠 수밖에 없다.

20대 후반에 짧았던 연애에서 속마음을 감추는 대화가 얼 마나 연애에 악영향인지 깨달았다. 그때 만났던 남자친구 O 씨는 유독 여름에 바쁜 회사를 다녔다. 하필 여름이 시작될 때 연애를 하게 되었고, 바쁜 회사 때문에 주말에도 쉽게 만 날 수 없었다. 한 계절 동안 제대로 된 데이트를 하지 못하자 심술이 났다. 특히 일요일 하루를 쉴 수 있게 된 남자친구가 데이트가 아닌 집에서의 휴식을 선택했을 때 서운함이 몰려 왔다. 하지만 속 좁은 여자친구가 되기는 싫었다.

"오늘은 쉬고 싶어. 그냥 집에서 쉴래."
"응, 그래. 쉬어야지. 그동안 너무 힘들었잖아."
"진짜 너무 힘들었어. 너는 오늘 뭐 할 거야?"

"나는 뭐… 할 것도 없고, 집에나 내려갈까…"

"그래~ 그럼. 지하철 타고 가?"

"응. ○○에서 갈아타면 돼."

　서운함을 감추고 괜찮은 척, 남자친구를 걱정하는 척했다. 첫 번째 밑줄 친 문장의 의미는 '너랑 데이트하려고 주말을 비워뒀는데 네가 쉰다는데 할 게 없지.'이다. 두 번째 밑줄 친 문장의 의미는 '○○가 너희 집 옆 동네니까 잠깐 얼굴이라도 보러 오겠다고 해줘.'라는 뜻이다. 속마음은 이렇게 서운하고 애타면서 겉으로는 아무렇지 않은 척했다. 그리고 남자친구 O씨가 알아주길 바랐다. 내 기대와는 달리 겉과 속이 다른 이면적 대화만 계속해서 오고 갔고, 남자친구 O씨는 함축적 의미를 전혀 알지 못했다.

　결국 나는 서운함이 폭발해 사소한 트집을 잡으며 남자친구 O씨에게 화를 냈다. "대체 왜 이러는 거야?"라며 묻는 그에게 나는 "몰라."로 일관했다. O씨는 갑자기 변한 나의 모습에 당황했다. 첫 싸움이었다. 나는 서운했고, O씨는 내게 실망했다. 첫 싸움은 서로를 믿지 못하게 되는 계기가 되어 이별로 이어졌다.

　이면적 대화의 시작은 숨기는 데 있다. 속 좁아 보이기 싫고, 쿨 하게 보이고 싶어서 속마음을 숨긴다. 숨기는 동시에 알아주길 바란다. 그게 진짜 내 마음이기 때문이다. 나도 이해심 있는 여자친구로 보이고 싶어서 서운함을 감췄지만 O 씨가 알아채 주길 바랐다. 너무 큰 욕심이었다. 말하지 않아도 알 수 있는 사람은 없다. 평생 함께 살았던 가족도, 사랑하는 연인도 내 마음을 다 알지 못한다. tvN 드라마 〈도깨비〉에서 도깨비(공유 역)조차도 도깨비 신부(김고은 역)가 "내 말 무슨 뜻인지 알죠?"라고 물으면 어리둥절해했다. 영적인 존재도 말하지 않으면 모른다.

　말하지 않고 알아주길 바라는 지독한 시험문제는 그만 내자. 출제자에게도 수험생에게도 전혀 득이 되지 않는 대화법이다. 숨겨놓은 속마음을 알아채지 못했다고 연인을 질책하지 말기 바란다. 연인에게는 잘못이 없다. 오히려 이면적 대화를 한 내게 책임이 있다. 알아주길 바란다면 그냥 말해라. 서운하면 서운하다고, 질투가 나면 난다고 솔직하게 말해야 오해가 생기지 않는다. 솔직하게 말할 자신이 없다면 그 속마음을 지워 버려야 한다. 다른 말로 상처 주기 전에. '말하지 않아도 알아요.'로 시작되는 유명 초코과자 CM송은 다 착각이다. 말은 해야 상대방이 안다. (시 문제의 정답은 4번)

5

썸에서 연애로, 연애에서 결혼으로

우리는 왜 자꾸 싸울까? 많은 커플들이 한번쯤 고민해 봤을 것이다. 최근 여자친구와의 잦은 다툼으로 상담을 요청해 온 친구도 내게 물었다. 우리만 이렇게 싸우는 거냐고. 아니다. 대부분의 연인들이 정말 많이 다툰다. 하루 종일 즐겁게 데이트를 하다가 집에 바래다주는 길에 싸우고, 걸음걸이가 이상하다며 싸우기도 하니 싸우는 주제는 정말 다양하다. 만약 대화를 나누다가 주로 싸움이 시작된다면 나와 연인의 언어 온도를 체크해 보자.

남자친구 C씨는 나와 연애하기 전까지 자신의 언어가 차가운 줄 몰랐다고 했다. 나도 썸을 탈 때는 몰랐는데 연애를 시작하고 나서야 알았다. 그의 언어는 차가웠다. 한번은 영화에 대한 대화를 하던 중이었다.

"나는 영화가 유쾌하거나 감동이 있는 게 좋아. 어떤 영화를 봤는데 그 영화가 나를 힘들게 하는 건 싫어. 뭔가 찝찝하고 기분 나쁜 느낌이 남는 그런 영화 있잖아."

"너는 다 그렇잖아."

"응? 뭐가?"

"힘든 건 다 싫어하잖아."

"어?"

"너는 니가 힘든 건 그게 뭐든 다 싫어하잖아. 아니야?"

"…맞아, 맞는데 지금 꼭 그렇게 말해야 돼?"

그는 사실을 말했을 뿐인데 내가 왜 기분 나빠하는지 모르겠다고 했다. 나중에 알게 된 사실인데 저렇게 말한 이유가 '힘든 건 뭐든 안 하려고 하는' 내가 개선되었으면 하는 마음이었단다. 언어의 온도가 낮다는 것은 꼭 그렇게까지 말하지 않아도 되는 일을 차가운 말로 표현하는 것이다. 힘든 일도 도전하기를 바라는 마음에 충고하고 싶었다면 다르게 말해도 될 일이었다. 영화 이야기를 하는 중에 저렇게 아프게 말을 할 필요는 없었다.

그날 말 때문에 일어난 다툼이 있고, C씨는 차가운 말에 대해 생각해 보기로 했다. 미처 생각지 못했던 자신의 언어습관이 여자친구인 내게 상처가 된다는 사실을 깨달았기 때문이다. 평소에 무의식적으로 쓰던 어휘가 센 편은 아니었는지, 다른 단어로 바꿔 말할 수 있는지 고민하기로 했다. 그래도 안 될 때는 내가 적절히 바꿔서 알려주었다.

말의 온도
높이기

한번은 내가 자동차 조수석에서 몸을 숙이자 그는 "백미러 안 보이니까 머리 좀 치워 봐."라고 말했다. 나는 "오빠, '백미러 안 보여서 그러는데 좀 비켜 줘.'라고 말하면 더 좋을 것 같아."라고 단어를 바꿔서 표현했다. 그는 '치운다.'는 표현이 잘못된 거냐고 물었다. 잘못된 표현은 아니다. '치워 봐.'가 어법상 맞는 말이라도 소중한 사람에게 그렇게 표현하지는 않는다. 이렇게 차근차근 말의 온도를 높이는 연습을 이어갔다.

기본적인 말투도 조금씩 변화시키기로 했다. 특히 충고를 하거나 갈등이 생길 때 말하는 방법을 바꾸었다. 커뮤니케이션에서 상대를 배려하고, 내 감정을 전달하는 화법인 I-메시지를 활용했다. 방법은 간단하다.

첫째, 주어를 '너'에서 '나'로 바꾼다.

둘째, 일어난 사실을 말한다.

셋째, 내 감정을 솔직하게 표현한다.

"너는 말을 왜 그렇게 해?" → "나는 그런 말을 들으면 속상해."

이렇게 주어만 바꿔도 갈등이 생기는 것을 방지할 수 있다. 상대방을 탓하는 말투에서 내 감정을 전달하는 것으로 바뀌었기 때문이다. 싸우는 상황에서 '네 탓'을 하는 것은 나도 갖고 있는 안 좋은 습관이라서 I-메시지로 표현하려고 C씨와 함께 노력했다. 서로 노력하며 말의 온도를 조금씩 올리자 갈등이 생겨도 다툼으로 이어지지 않고 대화가 되었다.

물론 그의 차가운 말이 완전히 바뀌지는 않았다. 결혼한 지금도 맞춰가는 중이다. 많은 시간을 함께 보내는 연인 사이에서 싸움은 사라지지 않을 것이다. 오래 연애한 커플일수록 서로 편해져서 차가운 말이 불쑥 나오는 일이 잦다. 하지만 99번 싸워도 100번 화해하면 관계는 회복할 수 있다. 같은 말도 듣기 좋게 하면 마음이 달라진다. 익숙하다고 해서, 편하다고 해서 내 멋대로 말하지 않았는지 돌아보자. 중요한 것은 내 언어의 온도를 스스로 알고, 바꾸려는 노력이다.

대학교 4학년 여름방학, 친구 H와 유럽 배낭여행을 떠났다. 여행지에서 만난 다른 일행들은 우리를 신기하게 보았다. 이유는 걸음 속도 때문이었다. 나는 걷는 속도가 빨라 웬만한 남자들을 따라잡을 정도였고, H는 유독 걸음이 느렸다. 이렇게 걸음 속도가 다른데 한 달 동안 어떻게 같이 여행을 하는지 신기하다고 사람들은 말했다. 처음엔 걸음 속도를 맞춰 보려고 했다. 나는 조금 느리게 걷고, H는 조금 서둘러 걸었다. 이 방법은 둘 다 체력소모가 심해 금방 포기했다. 걷는 것은 생활습관이라서 반대로 하려니 너무 힘이 들었다.

토끼와 거북이가
사랑하는 방법

우리가 찾은 해법은 인정이다. 각자의 걸음 속도를 여행 중에 교정할 수는 없었다. 고칠 수 없다는 것을 인정하고, 각자 역할을 나눠 갖기로 했다. 지도를 잘 보는 나는 앞서 걸으며 길을 찾았다. 느린 걸음의 H는 내가 놓친 것은 없는지 확인하고, 우리가 갈 곳의 정보를 파악했다. 서로에 대한 배려도 잊지 않았다. 나는 H의 시야에서 벗어나지 않았다. 모퉁이를 돌 땐 걸어오는 H의 사진을 찍으며 기다렸다. H도 나의 뒷모습을 파파라치처럼 찍어 내 인생 샷을 남겨 주었다.
연애하고 결혼하는 과정도 배낭여행과 크게 다르지 않다. 함께 하는 시간이 많아 서로의 단점도 계속 드러난다. 현명하게 대처하려면 '노력'과 '인정'을 할 줄 알아야 한다. 개선될 수 있는 점은 함께 고치려고 노력하면 된다. 조금씩 나아지는 모습에 서로 격려하면서 기다려 주면 더 깊은 관계가 될 수 있다. 노력하는 것보다 어려운 것이 '인정'이다. 상대의 불편한 점도 그대로 인정하고 내려놓는 건 생각처럼 잘되지 않는다.

남자친구 C씨와 나도 그랬다. 나는 말하는 것을 좋아한다. 걷는 속도처럼 말도 빠르게 하는 편이다. C씨는 하고 싶은 말은 많은데 말하는 속도는 느린 편이다. 말 자체가 느린 것이 아니라 단어와 단어를 연결하는 속도가 느리다. 다음 말을 생각하느라 시간이 걸린다고 했다. 대화 템포가 빠른 나는 그런 C씨가 말할 때 답답했다. 그래서 자꾸 C씨의 말을 잘라먹었다. "그래서?" "결국 어떻게 됐는데?" "그러니까 ㅇㅇ씨가 조퇴를 했다는 거지?"라며 이야기의 결말을 빨리 알려달라고 독촉했다. 그러면 C씨는 마음이 급해져서 더 말을 못 이어 나갔다. 결국 그는 내 앞에서 말하는 게 힘들다고 털어놨다. 심지어 압박감에 말을 더듬을 때도 있다고 했다.

말하는 속도가 달라도 너무 달랐다. 서로 속도를 맞추기엔 그 과정에서 생기는 스트레스가 엄청났다. 유럽 배낭여행에서 그랬듯 C씨와도 해법을 찾기로 했다. 서로의 대화 템포를 '이해'하고 '인정'해 줘야 했다. 우선 나는 그가 말할 때 잘라 먹거나 가로채지 않고 호응하는 표현만 하기로 했다. 그가 조급한 마음이 들지 않도록 최대한 기다려 주려고 노력했다. C 씨는 기다리는 내가 조금 덜 답답하도록 이야기의 목적을 먼저 밝혔다. 이 이야기를 왜 하는 것인지, 이야기의 주제가 무엇인지 우선 귀띔해 주는 것으로 나를 배려했다.

아직도 나는 남편이 된 C씨의 이야기를 기다리는 게 편하지는 않다. 몸을 들썩이게 되고, 다음 내용을 빨리 말해달라는 표정을 짓는다. 그래도 C씨의 말에 끼어들지는 않는다. 그가 말하는 속도를 인정하고 받아들이기 때문이다. C씨는 적당한 단어가 생각나지 않을 때 혼자 생각하느라 시간을 끌지 않고 내게 물어본다. 내가 기다릴 것을 알고 효율적인 방법을 택한 것이다. 서로의 속도를 인정하니까 더 이상 대화를 할 때 스트레스를 받지 않는다.

만남은 쉽지만 관계를 형성하는 것은 어렵다. 썸을 타는 것보다 연애가 어렵고, 연애보다 결혼이 어렵다. 지금의 인연이 평생 이어지려면 서로를 받아들이는 것이 필요하다. 유럽 배낭여행을 함께 했던 H는 내 평생 베스트 프렌드가 되었고, C씨는 남편이 되었다. 상대방의 모든 것을 받아들이고 인정할 수 있을 때 연애는 결혼을 향해 갈 수 있다. 토끼와 거북이가 사랑하는 법은 받아들임의 미학, 인정이다.

민수경

(주)온담커뮤니케이션과 온토리TV를 운영하고 있으며, 대림대 외래교수로 출강
하고 있다. 여수 MBC와 TBN교통방송에서 아나운서, MC로 10년 넘게 활동했고,
기업과 대학에서 1000회 이상 커뮤니케이션 강의를 진행하고 있다. 정치인, CEO,
직장인과 학생 등 개인의 스피치 능력을 비롯한 커뮤니케이션 역량 강화를 위한
프로그램도 운영하고 있다. 저서『대인관계, 의사소통 그리고 리더십』

2장

가까워서 더 어려운
가족 대화법

가족 대화
+ 민수경 +

1. 자존감이 높은 아이로 키우는 부모의 언어

2. 내 아이와 소통하는 지혜로운 대화법

3. 부부 사이를 바꾸고 싶다면 마중물을 바꾸어라

4. 부모님의 짝사랑에 응답하라

5. 다름을 인정하면 건강한 가족이 될 수 있다

자존감이 높은 아이로 키우는
부모의 언어

엄마! 내가 지금 회사를 옮기려고 하고 있잖아. 사실 막상 그만두려고 하니 걱정도 되고 이게 맞나 싶기도 하고 갈등이 좀 생기네요."

"마음이 많이 쓰이나 보구나. 그런데 네가 그 고민을 짧게 한 건 아니잖아."

"그렇지. 앞으로 내가 생각하고 있는 그 일을 하려면 변화가 필요한 거 같긴 해요. 언제쯤 회사에 얘기해야 하나 타이밍도 고민이고, 나한테 도움 많이 주던 선배한테 미안하기도 하고…."

"그래, 큰 결정인데 어떻게 고민이 안 되겠니. 그런데 우리가 그 동안 지금까지 쭉 얘기 했던 건, 네가 진짜 하고 싶은 일을 찾자는 거였잖아. 엄마는 너의 선택을 믿어."

　카페에서 차를 마시다가 본의 아니게 앞 테이블에 앉아 있는 모녀의 대화를 듣게 되었다. 20대로 보이는 딸과 엄마가 앉아서 친구처럼 대화를 주고받고 있었다. 딸은 자신의 고민을 엄마에게 가감 없이 말하고, 엄마는 최대한 딸의 입장에서 생각하며 조언을 아끼지 않았다.
　이들의 대화 주제는 여행과 쇼핑으로 갔다가, 옆에 조용히 앉아 있는 아들의 여자친구로 옮겨갔다. 엄마는 아들의 여자친구 입장에 서서 아들에게 조언을 해주었다. 정말 따뜻하고 아름다운 풍경이 아닐 수 없었다. 진정 그들의 대화는 건강하고 행복했다. 그들의 대화를 들으며 나도 모르게 입가에 미소가 지어졌다. 정말 '멋진 엄마'임에 틀림없었다.

아이에게
자존감을 선물하라

　우연히 보게 됐지만 이 모습은 분명히 누구나 꿈꾸는 부모와 자녀간의 대화일 것이다. 하지만 그들이 서로에게 보여주었던 공감과 공유의 모습은 하루아침에 갑자기 시작되는 게 아니다. 서로를 존중하는 친밀한 관계는 자녀가 어렸을 적부터 하나씩 쌓이는 것이다. 이들의 엄마는 분명 자녀들이 아주 어렸을 때부터 소소한 것들을 함께 공유하고 공감하였을 것이다.

부모로부터 존중받고 사랑받으며 자란 아이들은 자신이 얼마나 소중한 존재인지 잊지 않는다. 자존감이 높다는 말이다. 자존감이 높은 사람은 어려움이 와도 쉽게 무너지지 않는다. 뿌리가 단단하기 때문이다. 그만큼 자신에 대한 믿음이 강하다. 부모의 믿음과 사랑이 얼마나 깊은지 아는 아이는 시련과 실패에 흔들리더라도 뿌리가 쉽게 뽑히지는 않는다. 그런 자녀들은 뿌리가 단단한 나무 같은 존재로 성장한다.

내 아이가 이렇게 뿌리 깊은 나무로 자라주길 바란다면 아이들에게 양분이 되어 줄 부모의 언어와 태도를 점검할 필요가 있다. 본인은 아이들에게 잘하고 있다고 생각하는 부모들이 의외로 많다. 혹시 아이의 자존감에 부모가 생채기를 내고 있지 않은지 반드시 점검해 보는 게 좋다.

아이들에게 공유와 공감을 해주는 것이 필요하다는 사실을 알면서도 행동이 잘 안될 때가 있다. 아이들이 자신이 갖고 싶은 것 앞에서 무작정 떼를 쓸 때 특히 더 그렇다. 한 번은 대형 마트에 있는 장난감 코너 앞에서 마음 편치 않은 상황을 보게 되었다. 예닐곱 살 정도 되어 보이는 남자 아이와 아빠가 신경전을 벌이고 있었다. 결국 아빠는 사람들이 많은 그곳에서 아이의 얼굴을 때렸고, 신경질적으로 아이를 밀어붙이며 그곳을 빠져나갔다. 그때 아이가 아빠를 바라보던 눈빛을 보았는데, 마음이 참 무거웠다. 분노에 가득 찬 그 눈빛을 보았더라면 아빠도 생각이 달라졌을지 모른다.

장난감 코너에선 이처럼 종종 아이들과 부모의 신경전이 벌어진다. 부모는 그 자리를 어서 피하고만 싶고 아이는 어떻게든 하나라도 손에 쥐고 싶은 마음에 떼를 쓴다. 급기야 부모는 큰 소리로 화를 내거나 우는 아이를 내버려두고 돌아선다. 그러면 아이는 서럽게 목 놓아 운다.

그렇다고 모든 부모와 아이들이 그 공간에서 다투기만 하는 것은 아니다. 진지하게 자신의 생각이나 입장을 설명하고 설득하기도 한다. 부모만 그런 것이 아니라 조그마한 꼬마가 부모를 설득할 수도 있다.

아이의 생각과 감정을 어루만져라

아이가 5살 때였다. 장난감 자동차 하나를 들고 와서는 똘망똘망한 눈으로 엄마를 쳐다보며 말했다.

"엄마, 나 이거 살래. 이거 변신하면 이렇게 커진데."

"네가 고른 자동차야? 정말 멋지다. 지난번 것보다 크기도 더 크고 힘도 세 보여."

"응. 완전 멋지지?"

"넌 참 멋진 걸 잘 고르더라. 그런데 애야! 얼마 전에도 변신 자동차를 샀잖아. 아직 많이 가지고 놀지 않았는데 또 새 자동차를 가지고 가면 그 자동차가 서운하지 않을까?"

"엄마, 그 자동차도 친구가 생겨서 좋아할 거야. 혼자서는 심심하잖아"

"그래. 네 말도 맞다. 그럴 수 있겠어. 그런데 우리 지난번에도 자동차는 당분간 사지 않겠다고 약속하고 샀잖아. 기억나지? 마트 올 때마다 자동차를 살 수 있는 건 아니야. 엄마 생각엔 이제 100밤만 자면 어린이날이 다가오니까 그때 엄마가 선물을 해주면 어떨까 싶은데, 어때?"

아이는 잠시 생각을 하더니 그 말에 수긍하고 아쉽지만 100일을 손꼽으며 기다렸다. 어느 부모든 '우리 아이는 바로 떼부터 쓴다.' '말로 해서는 도무지 듣지 않는다.'고 생각할 수도 있다. '누굴 닮아서 저렇게 고집이 센지 모르겠다.'는 말까지 나온다.

아이가 말귀를 알아들을 법도 한데 우선 바닥에 드러눕고 떼부터 쓴다. 그럴 때 부모들은 빨리 상황을 수습하려다 보니 사주고 말거나 아니면 아이한테 화내며 야단치거나 두 가지 방법 중 하나를 택하게 된다. 물론 이런 대화식 해결이 어느 날 갑자기 되는 건 아니다. 어렸을 때부터 아이의 의견을 물어보고 아이의 의견이 합당하다 싶을 땐 존중해서 따라주는 게 필요하다. 그러기 위해서는 아이의 생각이나 감정을 제대로 들어주는 노력이 필요하다. 인내심을 가지고, 아이의 입장에서 들어 주는 것이다.

그러려면 우선 부모가 자녀에게 일방적인 명령이나 통보를 하는 식으로 대하지 말아야 한다. 자녀를 상하관계가 아니라 생각과 감정을 가진 인격체로 대하라는 말이다. 그렇게 하면 아이는 자신의 감정이나 생각이 존중받았기 때문에 상황에 맞춰 인정할 건 인정하고 수용할 땐 수용할 수 있는 자세를 배우게 된다. 그리고 존중을 받아봤기 때문에 상대방을 존중하는 방법도 알게 된다.

이처럼 부모가 아이의 의견을 묻고 감정을 읽어주는 일은 결코 어렵지 않다. 아이가 하는 말에 맞장구만 잘 쳐주어도 절반은 성공이다. 예를 들어 마트에서 함께 사과를 고를 때도 아이가 집어 든 사과를 봉지에 넣으며 이런 식으로 칭찬해 준다. "와! 정말 크고 단단한 사과를 잘 골랐구나. 맛있겠다. 집에 가서 이것부터 먹어 보자." 이처럼 엄마의 적극적인 반응을 들으면 아이는 자신의 행동이 '잘한 짓'이라고 생각하게 된다. 신발을 고를 때도 웬만하면 아이의 취향을 존중해 주는 게 좋다. 가끔 말도 안 되는 컬러를 집어들 때도 있지만 몇 번 설득하다가 그래도 안 통하면 아이의 의견을 존중해 준다. '이때 아니면 언제 그런 걸 신어 보겠니.' 라는 식으로 받아들여 주는 것이다. 물론 아이가 요구하는 것을 다 들어주라는 말이 아니다. 아이의 감정이나 생각을 존중하고 함께 대화하며 최선의 방법을 찾는 과정을 즐기자는 것이다.

부모가 아이에게 어떻게 말하고 행동하는지 제대로 알지 못하면 상황은 위험해진다. 그래서 나 역시 항상 나를 객관적으로 점검하기 위해 자신의 언행을 되짚어본다. 내가 아이에게 자주 사용하는 언어의 패턴을 점검하고 방향을 다시 설정하려고 노력한다. 하지만 객관적으로 나를 돌아보는 일이 말처럼 쉽지 않다. 부모로서 자신이 하는 언어를 점검하는 방법의 하나로 아이와의 일상 대화를 녹음해 보는 것도 좋다. 가끔 자신이 하는 말을 객관화시켜서 반성하는 작업은 의외로 좋은 효과를 내기도 한다.

아이는 자존감을 통해 세상을 살아가는 힘을 얻게 된다. 그리고 그 자존감은 스스로 내면의 힘에 의해 키워지고 유지된다. 부모가 자기 아이를 정말 사랑한다면 자존감이라는 선물을 꼭 전해 주도록 한다. 그리고 세상을 살아가는 가장 강한 힘인 자존감을 아이에게 키워주고 싶다면 부모가 하는 언어를 반드시 되돌아보고 점검하는 게 필요하다.

2

내 아이와 소통하는
지혜로운 대화법

'애가 말을 시작하니까 엄청 피곤해.' '일일이 대꾸해주는 것도 보통 일이 아니야.' '놀아주는 것도 습관 되면 나중에 고치기 힘들어. 혼자 노는 걸 가르쳐 줘야겠어.' 엄마들끼리 종종 하는 육아에 대한 푸념들이다. 아이가 처음 입을 떼고 옹알이를 할 때는 그렇게 사랑스럽고 기특했는데, 어느 순간 아이의 말에 대수롭지 않다는 반응을 보이거나 퉁명스럽게 면박을 주는 일이 생긴다.

아이랑 대화를 나누는 일은 생각보다 많은 에너지를 필요로 한다. 아이와 거의 대부분의 시간을 붙어 지내는 엄마의 입장에서는 아이에게 적극적인 반응을 보이는 게 고된 노동처럼 힘들 때도 있다. 그러다 보니 어느 순간 '알았어. 알았으니까 그만해.' '엄마 말 들어.'와 같은 식으로 아이의 얘기를 무시하거나 대화를 빨리 끝내려고 한다. 아이로서는 엄마가 자기 생각을 알아주지 않으니 칭얼거리게 되고, 엄마는 그런 상황이 힘들다. 그러다 보니 짜증이 늘고 아이에게 적절한 행동을 하는 게 어려워진다.

맞장구만 잘 쳐도
절반은 성공이다

아이는 부모의 반응에 따라 행동의 방향이 달라진다. 그러니 아이가 호기심을 가지고 세상과 소통할 수 있도록 부모가 응원하며 동행해 주어야 한다. 대단한 방법을 동원할 필요도 없다. 아이가 하는 이야기에 기쁜 마음으로 맞장구만 쳐주면 된다. 맞장구는 아이가 하는 말과 행동 뒤에 숨어 있는 마음을 알아채 주고 같이 느껴 주는 일이다. 한마디로 공감해 주는 것이다. 신호를 보내도 부모가 몰라주면 아이는 점점 마음의 문을 닫게 된다.

아이가 학교에서 있었던 일이나 친구와의 일을 이야기할 때 적극적인 맞장구로 이야기의 판을 깔아주도록 한다. "정말?" "그래서 어떻게 됐어?" "우와 재밌었겠다."라는 식으로 대꾸해 주는 것이다. 목소리 톤도 조금만 높여 보자. 부모가 눈을 반짝이며 들어주면 아이는 자신이 보고 느끼는 세상을 신이 나서 풀어낼 것이다. 자신의 이야기를 진심으로 들어주는 부모를 둘도 없는 친한 친구로 여기게 될 것이다. 이렇게 자란 아이는 적어도 사춘기가 되어 '부모님이랑은 말이 안 통해.' 라며 문을 꽁꽁 걸어 잠그고 방안에 틀어박힐 확률은 낮아지지 않겠는가.

아이와 나눌 수 있는 소재가 없어 대화가 힘들다고 말하는 부모들이 있다. 몇 마디 나누다 보면 더 이상 할 얘기가 없다는 것이다. 그럴 때는 놀이를 통해 아이와 소통할 기회를 늘려 보는 것도 좋다. 책 한 권을 읽어도 읽는 방법에 따라 할 얘기가 무궁무진하게 많을 수 있다. 책을 많이 읽어주는 게 목적이 아니라 책을 통해 아이와 다양한 이야기를 하는 게 목적이 되도록 한다. 책의 제목만 보고 그냥 넘기기보다 표지 주인공의 표정을 보고 왜 그런지 상상해 보는 것도 재미있다. 아이의 기발한 상상력에 감탄하고 맞장구쳐 주는 것이다.

책을 읽는 동안 "왜 그랬을까?" 라고 물어 주인공의 마음을 더 깊이 들여다보도록 한다. 아이가 말하기 어려워하면 엄마가 먼저 얘기해도 된다. 자신의 생각이나 의견을 표현하도록 먼저 시범을 보여주는 것이다. 주인공이 한 행동 말고 다른 방법은 어떤 게 있을지 아이와 머리를 맞대고 고민해 보아도 좋다. 아이는 부모가 생각하는 것 이상으로 많은 것을 보고 느끼고 상상한다. 그 순간들을 놓치지 말고 부모가 맞장구치며 감탄해 주도록 한다.

"우와. 어떻게 그렇게 멋진 생각을 해냈어? 멋지다. 그래서 그 다음은 어떻게 되는데?"

아이는 이처럼 부모와 함께 소통하는 시간이 행복하다고 느낄 것이다.

아이가 블록을 손에 쥐고 3단으로 쌓아올리던 날 박수를 치며 같이 기뻐했던 기억이 난다. 걸음마 하는 모습이 담긴 동영상에는 아이를 응원하는 내 목소리가 한껏 들떠 있다. 아이가 처음 고개를 가누고 몸을 뒤집고 배밀이를 하고 첫 걸음을 떼면 부모는 환호성을 지르며 기뻐한다. 대부분의 부모가 다들 그럴 것이다. 그런데 언제부터인지 아이가 힘들게 맺은 결실에 대해 대수롭지 않다는 식의 반응을 보이게 된다.

아이에게는 모든 일들이 처음이자 익숙하지 않은 경험의 연속이다. 어린 아기도 자신의 행동에 대해 부모가 어떤 반응을 보이는지를 본능적으로 알아차린다. 엄마가 활짝 웃으며 칭찬해 주면 아이의 행동은 더 강화된다. 반대로 엄마가 인상을 찌푸리거나 언짢은 목소리로 반응을 보이면 아이는 멈칫하게 된다. 칭찬은 아이가 스스로의 행동을 발전시켜 나가는

데 중요한 계기가 된다.

비난보다는
칭찬을 하라

첫 옹알이에 감동하고 기뻐했던 부모가 어느 순간부터 아이가 산수 한 문제 틀린 것에 절망감과 아쉬움을 나타낸다. 혼자 숟가락질을 하겠다며 낑낑거리는 아이를 인내심을 가지고 응원해 주던 부모가 어느 순간부터 구구단 실력이 늘지 않는다고 조바심을 내며 아이를 닦달한다. 부모에게 지적당하고 야단맞는 아이는 자신이 하는 행동이 부모 눈에 띄지 않길 바란다. 그러다 보면 아이의 행동은 점점 소극적으로 변하고, 나중에는 생각까지 움츠러들게 된다.

부모의 긍정적 시선과 칭찬의 말은 아이가 성장하는 데 있어 꼭 필요한 햇빛과 물이다. 자라는 아이에게는 잘못을 지적하기보다 잘한 점을 찾아내 칭찬하고 격려해 주는 부모의 따뜻하고 긍정적인 시선이 필요하다. 아이의 사소한 말 한마디, 기발한 생각, 타인을 챙기는 행동, 칭찬받아 마땅한 일들을 놓치지 말고 칭찬해 주라.

거실 한쪽에 칭찬 화이트보드를 세워두는 것도 좋다. 아이와 엄마 아빠 칸을 만들어 서로가 서로에게 칭찬하거나 고마운 마음을 글로 쓰거나 그림으로 그려서 칭찬을 시각화하는 것이다. 아이는 이것을 놀이처럼 받아들여 부모의 좋은 점을 찾으려고 애쓰게 되고, 그러다 보면 이러한 노력이 습관처럼 몸에 배게 된다. 부모 역시 아이에게 칭찬할 점들을 의식적으로 찾는 노력을 통해 아이의 좋은 점에 감동하는 마음을 오래 간직하게 된다. 이때 '너는 참 착해.'와 같이 아이의 성격적인 부분을 칭찬하는 형식은 피하는 게 좋다. 대신 '동생이랑 종이 접기 하며 잘 놀아줘서 엄마가 고마웠어.'처럼 아이의 행동이나 노력에 대해 인정하고 칭찬하는 게 중요하다.

의도치 않은 부모의 잘못된 언어 표현이 아이의 생각하는 힘과 행동 의지를 꺾을 수 있다. 아이의 유치원 체육대회 날이었다. 우리는 공원 한쪽에 돗자리를 펼쳤고 옆자리에도 다른 가족이 자리를 잡고 앉았다. 점심시간이 되자 아이들은 금세 똘똘 뭉쳐 공원 뒤쪽에 있는 언덕을 오르기 시작했다. 점심은 뒷전이고 자기들끼리 하는 모험이 시작된 것이다. 옆에 있던 한 아이의 엄마가 기겁을 하며 소리를 쳤다.

"야야, 올라가지 마. 그거 만지지 마. 더러워. 위험해. 내려와서 도시락 먹어. 지금 안 먹으면 치워 버린다."

호기심 많은 아이의 마음은 전혀 헤아려주지 않고 온통 부정적인 표현들로 행동을 제지하기에 바빴다. 하지만 그 아이는 친구들과 모험을 하고 싶은 마음에 엄마 얘기는 들은 척도 하지 않았다. 아이의 생각과 행동을 지지해 주면서 아이의 안전을 챙길 수 있는 표현은 없을까?

한 아이의 엄마가 아이들에게 말했다. "모험이 시작됐구나. 더 올라가면 조금 위험할 것 같으니까 거기 그 나무 있는 곳까지만 올라가자." 휘어진 나뭇가지를 집어 든 아이에게는 "나뭇가지 멋진 걸 주웠네. 그거 뭐 닮은 거 같은데?"라며 질문을 하니 "부메랑 같아요. 던지면 다시 돌아오는 부메랑."이라고 대답한다. "정말 그러네. 부메랑 같이 생겼다. 그래도 여기서 던지면 다른 사람이 다칠 수 있으니까 나무 옆에 도로 놔두자." 그러자 아이는 "네"라고 공손히 대답했다.

대부분의 아이는 부모가 자신의 마음을 이해하고 받아들여 주면 더 이상 고집을 부리지 않는다. 부모가 자기 마음을 알아준다는 사실만으로도 심리적 일체감을 느끼는 것이다. 한마디로 '내 편'이 있다는 안도감 때문이다. 아이에게도 명령이 아니라 협조를 구해야 한다. 일방적 지시가 아니라 아이의 의견을 물어보자. 그러면 아이의 생각하는 힘과 행동하는 의지가 한 뼘씩 자랄 것이다.

3

부부 사이를 바꾸고 싶다면
마중물을 바꾸어라

시골 외가 마당 한가운데 지하수를 끌어올리는 펌프가 있었다. 어른들이 펌프질을 하면 시원한 지하수가 콸콸 쏟아져 나왔다. 하지만 내가 펌프질을 하면 끽끽 쇠 부딪히는 소리만 요란할 뿐 물은 올라오지 않았다. 펌프질이 익숙하지 않은 탓도 있었지만 더 큰 이유가 있었다. 물을 길어 올리기 위해서는 마중물을 한 바가지 부어야 하는데 그걸 몰랐던 것이다.

마중물을 부어야 원하는 것을 얻을 수 있는 건 굳이 펌프질에만 해당하는 게 아니라 세상 사는 이치인 것 같다. 원하는 것이 있다면 먼저 인풋input이 있어야 한다. 소통에서도 마찬가지이다. 관계에서 새로운 변화가 필요하다고 여겨지면 새로운 마중물을 부어야 한다. 마중물의 종류가 다양하면 소통에서 활용할 수 있는 관계의 기술도 많아진다.

'저 사람 남편 맞네. 내 편 아니라 남의 편이야. 어쩜 저렇게 내 마음을 몰라주니?' 부부 사이에서 느끼는 섭섭함을 나타내는 표현이다. 부부 사이가 함께 한 시간만큼 서로를 신뢰하고 공감하는 폭이 크다면 더 바랄 게 없을 것이다. 하지만 관계의 질은 함께 한 시간에 비례하는 게 아니라 소통 방법에 비례한다. 부부 사이가 시간이 갈수록 더 불편하고 소원하게 느껴진다면 새로운 소통 방법이 필요하다는 신호로 받아들여야 한다. 새로운 마중물이 필요한 시기인 것이다.

내 마음이 당신과 같다는 공감의 언어 표현, 그리고 서로의 마음에 상처를 입히지 않을 언어로 표현하는 것, 이 두 가지 마중물만 적절하게 잘 써도 부부는 '남의 편'이 아니라 진정한 한 편이 될 수 있다.

부부 사이를 이어주는 접착제, 공감 언어를 쓰라

공감! 공감의 사전적인 의미는 다른 사람의 감정이나 의견 등에 자기도 그렇다고 느끼는 것을 말한다. 너무 많이 들어서 아주 잘 알고 있다고 여기는 단어 '공감'. 아픈 사람을 보면 내 마음도 따끔따끔하고, 누군가가 웃으면 내 기분도 덩달아 밝아지는 기분이 바로 공감이다. 그래서 대부분의 사람들은 스스로 공감 능력이 좋다고 여긴다. 그런데 여기서 명심해야 할 게 있다. 공감은 마음에서 느끼는 것으로 끝나는 게 아니라 어떤 반응이나 언어로 표출되어서 상대방이 '당신도 내 마음을 알아주는군요.' 라고 느껴야 비로소 완성되는 것이다. 상대방의 마음에 오케이 사인이 떨어져야 완전한 공감이 이루어진다는 말이다. 상대방의 감정 상태를 이해하고, 그 사실을 겉으로 표현해서 상대방 역시 내가 자신의 뜻에 공감했다는 사실을 인지해야 진짜 공감이 완성된다는 말이다.

어떻게 하면 상대방에게 내가 공감하고 있다는 것을 알아차리게 할 수 있을까? 대화를 나누면서 눈을 마주치고, 고개를 끄덕이고, '그랬구나.' '정말?' 등의 맞장구도 아주 좋은 방법이다. 평소 이렇게 잘하고 있다면 한 차원 더 높은 공감의 표현을 적용해 보자. 아주 효과가 좋을 것이다. 상대방이 말하는 내용 중에 감정을 표현하는 단어나 직접 표현하진 않지만 느껴지는 상대방의 정서를 내 입으로 다시 한 번 언급해 주는 방법이다.

"내가 요즘 동시에 여러 가지 역할을 하려니 마음의 부담이 컸나 봐. 밤에 잠도 깊이 못 자고, 내일 해야 할 일들이 머릿속에서 자꾸 맴도니까 스트레스를 받는 것 같아. 괜히 애한테 짜증도 내는 것 같고."

자! 여기서 이제 뭐라고 반응을 해줘야 하는데, 당신이라면 무슨 말을 할 것 같은가?

"사람 사는 거 다 비슷하지. 나라고 뭐 편하게 일하니? 다 그렇게 사니까 유난 떨지 마."

어떤가. 이런 식이면 완벽하게 남의 편이 된다. 내 마음을 정말 몰라주는 이 사람이 야속하게 느껴질 것이다.

"아. 많이 힘들었구나. 여러 가지를 동시에 진행해야 하니 당연히 스트레스 받지. 나라도 그럴 것 같아."

이렇게 상대방이 느끼고 있는 그 감정을 내 입으로 다시 한 번 언급하는 것이다. 처음 말을 꺼낸 사람은 상대방이 자신의 마음을 알아주고 있다는 사실을 언어적으로 확인함으로써 자기와 같은 마음이라는 사실에 동질감을 느끼게 된다. 이런 사람은 내 마음을 알아주는 든든한 내 편이다.

상대방에게 안쓰러운 마음이 들면서도 그 마음을 말로 표현하지 않고 지나치지는 않았는지, 상대방에게 공감의 표현 대신 조언을 한답시고 비난의 말만 했던 건 아닌지, 그래서 위로받고 공감 받고 싶어 하는 상대방에게 상실감만 준 건 아닌지 반성해 보자. 상대방이 느끼는 감정을 내 입으로 다시 한 번 언급해 주는 것. 아주 간단한 방법 같지만 입에 익숙하지 않으면 실천하기 쉽지 않다.

부부 사이가 멀게 느껴질 때는 공감 언어라는 마중물을 써 보자. 이러한 공감 언어 표현은 부부 사이뿐만 아니라 아이들과의 관계에서, 그리고 사회생활 전반에서 당신을 이해심 많고 포용력이 넓은 사람으로 만들어 줄 것이다.

마음에 상처 주는 언어는
쓰지 말자

관계가 원만하고 좋을 때는 소통도 수월하다. 지나친 농담을 해도 듣는 사람이 받아들이면 문제가 안 된다. 하지만 서로 갈등상태에 놓여 있거나 상대의 감정이 불편할 때는 소통에서 문제가 발생하기 쉽다. 감정이 불편해진 상태에 있거나 서로 이해하거나 수용하기 어려운 사이일 때는 두 사람의 감정이 쉽게 맞부딪치며 소통 사고가 일어난다.

듣는 사람의 감정 상태가 불편하면 상대가 전하는 메시지가 왜곡되어 들리기 쉽고. 인내심의 폭도 좁아진다. 그러니 나와 상대방 중 한 쪽이라도 감정이 불편하다는 판단이 서면 소통 사고가 발생할 수 있다는 걸 인지하고 조심해야 한다. 그리고 쉽게 끓어오를 감정을 식혀 줄 안전장치인 차가운 이성을 작동시키도록 해야 한다.

한 번 뱉은 말은 도로 주워 담기 어렵다. 누구든 시간이 지나서 생각해 보면 '하지 말 걸.' 하고 후회스러운 말이 분명히 있을 것이다. 미안한 마음에 얼른 사과를 해도 한번 뱉은 말은 이미 상대의 마음에 생채기를 낸 다음이다. 말은 지우개로 지울 수 있는 흔적도 아니다. 그러니 상대방의 마음에 상처를 남기는 말을 하지 않도록 스스로 조절하는 능력이 필요하다.

'욱할 때는 말을 참기가 쉽지 않다.'는 사람도 많을 것이다. 하지만 욱해서 감정적으로 말을 쏟아내고 나서 뒤늦게 후회하는 것과 그 순간을 잘 참고 나중에 '그때 참길 참 잘했어.'라는 생각을 하는 것 중에 어느 쪽이 더 현명한지는 굳이 말하지 않아도 다 알 것이다.

화가 치밀어 오를 때는 잠시 자리를 피하는 것도 하나의 방법이다. 소리를 지르거나 비난의 말을 하지 않도록 환경을 만드는 것이다. '5분 후에 다시 이야기 하자.'고 제안하는 것도 좋다. 특정 감정이 계속 지속되지는 않는다. 아무리 화가 나도 일정 시간이 지나면 누그러진다. 그 '위험한' 시간을 잘 넘기면 상대방에게 상처 주는 말을 하지 않을 수 있다.

불편한 상태로 대화를 시작하게 되었다면 상대방의 호칭을 부르는 것에도 신경 써야 한다. 동갑내기 부부들이 크게 싸우는 이유 중에 하나는 대화를 시작하면서 '야!' '너는!' 등의 호칭 때문이다. 이런 호칭은 서로를 인격적으로 무시하는 듯한 인상을 준다. 본격적인 이야기가 시작되기도 전에 마음이 상하는 것이다.

상대방에 대한 평가보다 나의 감정에 대해 이야기하면 훨씬 소통이 수월해진다. "당신이 아이들하고 주말에 시간 보내겠다고 당신 입으로 약속한 게 몇 번째야? 당신만 힘들어? 애들한테 아빠 자격 있는지 스스로 좀 생각해 봐." 상대방의 행동에 대한 이런 식의 평가와 비난은 상대방으로 하여금 방어기제를 작동하게 만든다. 그렇게 되면 남편도 반격을 시작할 것이다. 대신 이렇게 말해 보자. "나는 당신이 아이들과 놀아준다고 약속했던 거 지켜주길 바랐는데, 그러지 못해서 속상해. 아이들은 금방 자란다구. 나는 당신이 나중에 아이들한테 좋은 아빠로 기억되면 좋겠어."

어떤가. 이런 식으로 남편에게 스스로의 행동에 대해 돌아볼 여지를 주는 것이다. 주어를 '당신'으로 하면 상대방을 비난하는 말이 되기 쉽다. 주어를 '나'로 해서 내 생각과 감정을 전하도록 하자.

이처럼 어떤 마중물을 붓느냐에 따라 소통의 결과는 판이하게 달라진다. 서로를 알아주고 상대방을 품어주는 언어의 표현! 부부 사이에 변화를 원한다면 이처럼 낯설지만 새로운 마중물이 필요하다.

4

부모님의 짝사랑에
응답하라

"저는 60이 넘은 나이에 짝사랑을 하고 있습니다. 전화 연결음 두세 번 울렸다가 혹시 방해가 될까 싶어 얼른 끊어 버립니다. 부재중 전화 확인하면 전화를 줄 거라고 생각하지만 거의 대부분은 답이 없지요. 목소리라도 듣고 싶은데 언제나 바쁜 듯합니다. 제가 짝사랑 하는 그 사람은 얼마 전 새 직장을 찾아 떠난 제 딸입니다. 저는 딸아이가 많이 보고 싶은데 이 아이는 너무 바쁘네요."

얼마 전 라디오에서 들은 사연이다. 자녀들은 이런 부모의 마음을 쉽게 이해하지 못한다. 많은 자녀들이 '아이를 낳고 나 자신이 부모가 되어 보니 부모님의 심정을 이해할 것 같다.'는 말을 한다. 그러면서도 마음과 다른 말과 행동 때문에 뒤늦게 후회의 말을 늘어놓는 자식들이 많다.

'내리사랑은 있어도 치사랑은 없다.'는 속담이 있다. 부모가 자식을 사랑하는 만큼 자녀들이 부모를 사랑하고 섬기는 일이 그만큼 어렵다는 말일 것이다. 아이를 위해서 내 몸 희생하고 온 마음을 다 쓰는 스스로를 보면서 '아이한테 하는 정성의 절반만 부모님께 쏟아도 참 좋아하실 텐데….'라는 생각이 들 때가 한두 번이 아니다. 사람들은 부모가 자식을 위해 사랑을 내어주고 희생하는 것을 지극히 당연하게 여긴다. 그러면서도 자녀가 장성하고 나면 부모는 행여 자식들에게 불편을 줄까 봐 노심초사일 때가 많다. 전화 한 통 거는 일 조차도 망설이게 된다.

우리는 너무 당연하게 내 편이라고 여기는 관계에서 잘못을 저지른다. 가장 대표적인 게 가족관계이다. 특히 부모와 자녀 사이에서 부모가 베푸는 사랑에 대해서는 너무도 당연하게 여긴다. 그러다 보니 감사의 말은 고사하고 툭툭 뱉는 무심한 말로 부모에게 상처를 준다. 부모에게 '해야 할 말'과 '하지 말아야 할 말'을 거꾸로 하고 있진 않나 되돌아 볼 필요가 있다. 감사의 마음, 사랑의 표현은 꼭꼭 숨겨두지 말고 적극적으로 드러내도록 하자. 절제되지 않은 채 툭 내뱉고 나서 뒤늦게 후회하게 되는 말은 이제 그만하자.

부모는 자녀들이 관심을 나타내는 사소한 말 한마디에 쉽게 감동한다. 처음에는 쑥스럽고 말이 입밖에 쉽게 나오지 않더라도 용기를 내어서 시도해 보자. 이제는 마음 깊이 숨겨두었던 관심의 말들을 꺼내어 부모님의 사랑에 적극적으로 응답해 보자.

전하고 싶은 마음은
행동으로 표현한다

예전에는 어버이날이 되면 학교에서 부모님께 감사편지를 쓰고 종이로 카네이션을 접었다. 아이들은 감사와 사랑의 말을 카드에 적고, '크면 효도하겠다.'는 다짐까지 꾹꾹 눌러 썼다. 많은 이들이 성인이 되고 나면 부모님을 챙길 마음의 여력이나 시간적 여유가 없다는 말을 한다. 하지만 주위를 둘러보면 어린 시절에 한 약속을 실천하는 사람들도 적지 않다.

어느 블로그 포스팅에서 본 내용이다. 한파에 전국이 꽁꽁 얼어붙은 날 아침, 아침운동을 하는 아들이 걱정된 노모의 안부전화에 대한 내용이었다. 89세 된 노모가 55세 된 아들 걱정에 아침 일찍 안부 전화를 하신다고 했다. 그 분은 어머니의 마음을 헤아리고 그 마음에 꼭 응답을 한다고 했다. 한 달에 한번 꼭 노모와 점심 식사 데이트를 하는 것이다.

이처럼 다른 사람들과 식사 약속을 잡고 고객들에게 정기적으로 안부전화를 거는 것처럼 부모님께도 시간을 내어드리도록 해보자. 부모님께 대한 효심을 마음에 담아두지만 말고 직접 실천으로 옮기자는 말이다. 직접 찾아가서 얼굴을 마주하고 대화하기가 여의치 않을 때는 문자나 SNS 메시지로 안부를 전하는 것도 좋다. 짧은 안부나 예정에 없는 애정 표현은 생각하는 것 이상으로 큰 감동을 준다. '말 안 해도 다 아시는데 뭘.' '당연한 걸 꼭 말로 해야 하나.' 라는 생각은 바람직하지 않다. 내 마음은 겉으로 표현해야 상대방이 알 수 있다. 서로의 마음에 통할 수 있는 노력은 부모 자식 사이에도 반드시 필요하다.

얼마 전 아버지가 타시던 차가 너무 낡아 폐차를 하게 되었다. 아버지 입장에서는 목돈을 들이는 게 부담스럽지만 어쩔 수 없어 새 차를 사기로 하셨다. 그러면서 "나에게는 이게 마지막 차일지도 모르겠다."라는 말을 하셨다. 그 말을 들으니 맘이 편치 않았다. 하지만 나 역시도 따뜻한 말 한마디 하는 게 낯간지러울 때가 많다. 새 차가 도착한 날 용기를 내서 아버지께 문자 메시지를 남겼다. '아빠. 새 차 도착했다면서요. 낡은 차 타고 다니시느라 고생 많으셨어요. 새 차 타고 좋은 일 가득하시길 바라요. 항상 안전운전! 감사해요. 아빠!' 곧바로 답장이 왔다. '고마워 내 딸. 사랑해.'

이처럼 마음을 담아서 글을 쓰고 보내기 버튼 한번만 누르면 된다. 아주 간단하다. 절대 어렵지 않다. 지금 바로 부모님께 마음속에 담아둔 말을 문자 메시지에 담아 보내자.

언어 표현에도
'배려의 필터'를 작동한다

우리는 사회생활을 하면서 많은 사람들과 소통하며 지낸다. 직장 동료와 상사, 고객, 그리고 친구와 다양한 모임에서 맺은 인연들까지. 그 사람들과 좋은 관계를 유지하고 발전시키기 위해 나름대로 정성을 기울인다. 수시로 안부 연락도 하고, 가족행사에 얼굴을 내밀고, 어려운 일이 있을 땐 따뜻한 위로와 격려의 말도 건넨다. 간혹 마음에 들지 않는 일이 있더라도 앞으로 계속 '함께 지내야 하는 사람'이기 때문에 '배려의 필터'를 통과시킨 표현들로 서로 소통한다. 이처럼 서로를 존중하는 태도는 관계를 유지하는 기본요소이다.

그런데 정작 가장 가까운 가족끼리는 배려의 필터를 통과하지 않은 즉흥적이고 감정적인 표현들로 서로 상처를 입힐 때가 많다. 시험공부를 한다고 밤을 지새운 아들이 안쓰러워 아침 일찍 아침식사를 준비한 엄마가 아들을 깨운다.

"아들. 오늘 시험인데 밥 한 숟가락은 먹고 가야지." 아들은 귀찮다는 듯 이불을 더 끌어당기며 싫다고 한다.

"아들. 그러지 말고 딱 한 숟가락만 먹고 가. 그래야 시험을 보지."

"싫어. 안 먹는다고."

"빈속에 어떻게 하려고 그래. 든든하게 먹어야 시험도 볼 거 아니니."

상황이 이렇게 되면 정겨운 대화가 오고가기는 글렀다. 원망과 짜증스런 말이 서로 오갈 뿐이다. 그런데 친구 집에서 밤샘을 하고 친구의 어머니가 아침 먹기를 권한다면 이와는 다른 식으로 반응할 것이 분명하다.

"아. 어머니. 정말 감사합니다. 그런데 어머니. 제가 원래 아침을 잘 안 먹는데, 이렇게 아침 차리실 줄 알았으면 미리 말씀 드릴 걸 그랬어요. 그래도 정말 감사합니다."

가까운 사이일수록 언어 표현에 주의를 기울이지 않고 함부로 말하는 경우가 많다. 무슨 말을 어떻게 하더라도 가족은 '영원한 내 편'이라는 믿음 때문일 것이다. 가족끼리 오가는 말과 행동에는 '배려의 필터'가 작동되지 않는 것이다. 하지만 분명히 명심하도록 하자. '영원한 내 편'이라고 생각하는 가족 역시 감정을 가진 사람들이다. 부모도 자녀들로부터 존중하고 배려하는 말을 들으면 기분이 좋다.

다름을 인정하면
건강한 가족이 될 수 있다

지금까지 상대방에게 공감을 표현하는 방법에 대해 알아보았다. 공감을 표현할 필요가 있는 것은 우리 모두 서로 다른 존재이기 때문이다. 공감은 나와 다른 상대방에 대한 존중의 표현이면서 또한 일체감을 느끼기 위한 표현이기도 하다.

한 가족이라도 우리는 모두 다르다. 좋아하는 음식, 선호하는 취향, 문제를 바라보는 관점과 해결하는 방법도 다 다르다. 달라서 종종 의견 충돌이 일어나지만 다르기 때문에 서로의 부족함이 채워지기도 한다. 건강한 가족이 되기 위해서는 서로 다름을 어떻게 받아들이느냐가 중요한 요소이다.

결혼 초에 남편과 쇼핑 스타일이 너무 달라 서로 다투는 일이 적지 않았다. 나는 속전속결형 쇼핑을 한다. 자주 다니는 매장에 가서 추천 상품 몇 개를 보고 그 중에 하나를 그 자리에서 결정해 버리는 것이다. 반대로 남편은 매장 전체를 한번 둘러보고 나서 가격 대비 품질을 살펴보고 고민하다가 결국 빈손으로 돌아온다. 그런 다음 인터넷 검색까지 한다. 신중한 분석형 쇼핑 스타일이다. 그러니 서로의 쇼핑 스타일을 이해하지 못하고 답답해 할 수밖에 없었다. 나는 그런 남편이 너무 우유부단해 보여 화가 났다. 남편은 생각 없이 덜컥 사는 아내를 보며 한심해 했다.

쇼핑 스타일에 정답이 있을 리 만무하다. 서로의 쇼핑 성향과 스타일이 다를 뿐이다. 결정은 빠르지만 실수할 가능성이 많은 내 스타일과 철저하지만 시간 소모가 많고 답답해 보이는 남편의 스타일이 서로 다른 것이다. 두 사람이 가진 강점을 적절하게 잘 조합하면 합리적이면서 시간이 많이 걸리지 않는 쇼핑 스타일을 합작해 낼 수 있을 것이다.

서로 다름을
표현한다

가족끼리 서로의 장단점을 잘 조화시키면 서로 맞물려 돌아가는 톱니바퀴처럼 화목한 가정을 이끌어 나갈 수 있다. 나와 다른 상대방을 나의 부족함을 채워주는 조력자로 여기는 지혜가 필요한 것이다.

노부부가 사이좋게 밥상머리에 앉았다. 생선 몸통 부분의 살을 큼직하게 발라 할머니 밥그릇 위에 올려놓는 할아버지. 그리고 생선의 머릿살을 발라 할아버지 밥그릇 위에 올려놓는 할머니. 두 사람에게서 무심한 듯하면서도 서로를 위하는 마음이 고스란히 느껴진다.

열심히 생선살을 바르던 할아버지가 조용히 한 마디 한다. "마누라. 생선 등에 붙은 살 맛있지요? 나는 생선에 이 통통한 살이 참 맛 있더라고. 당신 맛있게 먹으라고 내가 이렇게 열심히 발라서 주는 거라오."

그 말을 들은 할머니가 이렇게 답한다.

"영감. 그러면 머릿살보다 몸통 살을 더 좋아해요? 난 내가 좋아하는 머릿살을 일부러 영감한테 주었던 건데…."

두 사람 모두 이제껏 서로 좋아하던 생선 부위를 서로 양보하며 그동안 원치 않던 부위를 먹었던 것이다. 이처럼 서로 위한다는 마음에서 한 말이나 행동이 상대방이 원치 않은 말이나 행동인 경우는 얼마든지 있을 수 있다.

겉으로 말하지 않아도 상대방이 다 알아서 해주길 바라는 건 어찌 보면 애당초 불가능한 일일지도 모른다. 오랜 세월

함께 산 부부들이 굳이 말로 표현하지 않아도 상대의 마음을
헤아리는 것은 정말 오랜 세월 서로 꾸준히 소통을 해온 결과
일 것이다. 우선은 내가 어떤 상태이고, 어떤 감정이고, 어떤
생각을 가지고 있는지 상대방에게 표현하는 것이 필요하다.
서로 표현을 통해 상대의 마음을 알게 되면 이해할 수 있고,
이해하면 받아들일 수 있는 폭도 커진다.

　서로를 채워주는 사이. 그야말로 환상의 궁합이다. 가족 간
에도 서로에게 도움을 줄 수 있는 건강한 협력이 필요하다.
그러기 위해서는 서로 무엇을 원하는지 내가 할 수 있는 것이
무엇인지 과감하게 표현하도록 하자. 서로를 알면 서로에게
필요한 것을 기꺼이 내어줄 수 있게 된다.

적절한 거리를
인정한다

　고슴도치 두 마리가 추위를 이기기 위해 서로의 체온이 필
요하다고 가정해 보자. 너무 가까이 있게 되면 서로의 가시
에 찔려 상처를 입고, 너무 떨어져 있으면 서로의 체온을 나
눌 수 없게 된다. 독일의 철학자 쇼펜하우어의 우화에 나오는
'고슴도치의 딜레마'이다. 사람 사이에도 이처럼 적정한 거리
가 필요함을 의미하는 대인관계 이론으로 인용된다.

사람 사이에도 적정 거리가 있다. 출장 간 남편에게 시시각각 전화를 해서 무얼 하는지 확인해야 직성이 풀리는 아내가 있다면 그런 행동이 남편의 일에 방해가 된다는 사실을 망각한 것이다. 남편이 직장인으로 제대로 처신할 수 있도록 그의 시간을 존중하고 배려할 필요가 있다.

　아이가 사춘기가 되어 자꾸 방문을 걸어 잠근다며 속상해하는 부모가 있다면 이 또한 지나친 걱정이다. 사춘기를 잘 지내고 나면 아이는 다시 부모 곁으로 돌아올 것이다. 아이가 원하는 거리를 인정하고 지켜봐 주는 인내가 필요하다. 가끔 우리는 상대방이 원하는 물리적, 심리적 거리를 무시하고 일방적으로 자기 뜻을 강요할 때가 있다. 그렇게 되면 상대방은 거부반응을 일으키며 반대 방향으로 튕겨 나가려고 한다. 가족끼리 적절한 거리를 인정하고, 그 거리 안에서 자신이 해야 할 행동이 무엇인지 냉정하게 생각할 필요가 있다.

　가족끼리라고 해도 완전무결한 일치는 어렵다. 어쩌면 그것은 불가능한 일이라고 해도 과언이 아닐 것이다. 함께 맛있는 음식을 먹더라도 그 음식 맛에 대한 느낌이나 평가가 서로 일치하기 어려운 것과 마찬가지이다. 다름을 인정하면 서로의 가치가 보이고, 서로의 가치를 알아보면 감사할 수 있게 된다. 건강한 가족은 서로 다름을 인정하는 데에서 출발한다.

이창순

자타가 공인하는 직장인들의 멘토. ㈜휴비스(SK케미칼 화학섬유 부문과 삼양사 화학섬유 부문을 통합한 회사) 인사기획팀장으로 근무하고 있으며, 인사제도 기획, 임직원 교육, 조직문화, 사회공헌활동 등의 업무를 관장하고 있다. 신입사원 교육을 비롯하여 MBTI/문제해결과정/자기계발과 직업선택을 주제로 대학 특강 강사로도 활동 중이다.

3장

성공하는
직장인의 대화법

직장 대화
+ 이창순 +

인사로 시작하는
직장인의 생존 대화

"요즘 신입사원들은 인사할 줄 모르나? 왜 이렇게 인사를 안 해?"

신입사원 교육을 담당하는 부서에 근무하던 시절, 상사로부터 이런 말을 들었다. 당시 '비즈니스 매너와 에티켓'이라는 커리큘럼으로 외부 강사를 초빙해 신입사원들에게 회사 생활에 필요한 전반적인 교육을 진행했다. 신입사원들이 인사를 안 한다는 이야기를 들으니 기분이 썩 좋지 않았다. 우리 부서와 관련 있는 일이라 그랬을 것이다.

얼마 뒤부터 외부 강사를 초빙하지 않고 사내 강사가 직접 교육을 진행했다. 그런 이야기가 들려왔다는 건 신입사원 교육에 문제가 있다는 뜻이고, 대책을 세울 필요가 있었다. 회사 생활에서는 물론이고 어디서든 인사를 잘하는 것은 아주 중요하다. 인사는 관계 형성에 있어서 기본적인 덕목일 뿐 아니라, 인사가 바로 대화의 시작이기도 하다.

나는 신입사원들은 어떤 상황에서든지 일단 큰 소리로 또 박또박 인사를 해야 한다고 강조했다. 사내 강사가 직접 교육을 맡고 나서부터 회사 분위기에 굉장히 활기가 느껴졌다. 한 달이 지나자 다른 부서의 팀장이 웃으면서 말했다. "신입사원들 이제 인사 좀 그만하라고 하면 안 될까?" 그 말을 들으니 기분이 매우 좋았다.

우리는 다양한 사람들과 관계를 맺으면서 살아간다. 관계를 맺는 중요한 방법 가운데 하나가 바로 대화를 통해 상대를 알고 마음을 열어가는 것이다. 직장에서도 마찬가지다. 하루의 3분의 1을 보내는 직장 생활이 즐겁고 활력이 넘치려면 직장 선배, 동료, 후배들과의 관계를 잘 맺어나가야 한다. 그러기 위해서는 업무 못지않게 대화를 잘하는 것도 매우 중요한 요소이다. 직장 생활에서 대화의 첫 출발이 바로 인사이다. 그런 의미에서 직장에서 인사는 자신을 어필할 수 있는 최고의 커뮤니케이션 도구라고 할 수 있다.

그런데 요즘 신입사원들 중에는 이런 부분을 중요하게 생각하지 않는 경우가 많다. 교육을 진행하면서 신입사원들이 의외로 인사할 때 많은 생각을 한다는 사실을 알게 되었다. 회사 상사인지 확실히 몰라서, 인사할 타이밍을 놓쳐서, 아니면 지각하거나 실수했을 때 민망해서 인사를 못하겠다는 것이다. 어떤 신입사원은 인사할 때 고개를 어느 정도 숙이고, 어떤 말을 건네야 할지 잘 모르겠다고 했다. 오히려 그렇게 솔직하게 나오면 직장 상사로서 해줄 말이 많다.

후배 사원 중에 시력이 아주 좋지 않은 친구가 있다. 그 친구는 안경을 써도 누군지 알아보는 데 시간이 걸리고, 그러다 보니 인사할 타이밍을 놓치는 경우가 많다고 했다. 그런 이유로 이 친구는 인사를 제대로 하지 않는 직원으로 소문이 나 있다. 그의 사정을 아는 사람이 아니면 그의 행동을 이해하기 힘들다. 어쨌든 직원들 사이에 그의 이미지는 좋지 않은 쪽으로 소문이 나고 있었다.

인사는 자신을 어필하는
최상의 도구

나는 이런 경우에는 상대가 누군인지 잘 모르더라도 웬만하면 인사를 먼저 하라고 말한다. 신입사원이 누가 누군지 모르는 것은 당연하고, 사내에서 만나는 사람들에게 가볍게 인사한다고 손해 볼 건 없기 때문이다. 인사를 하지 않으면 새로 만나는 사람과 대화의 기회를 만들기가 더 어려워진다.

우리는 줄을 서서 기다릴 때나 낯선 사람들과 함께 있을 때 자연스럽게 서로에게 말을 거는 문화에 익숙하지 않다. 모르는 사람과 눈이라도 마주치면 서로 피한다. 외국에서는 낯선 사람들끼리 마주치면 서로 미소를 주고받는다. 그리고 낯선 사람과도 자연스럽게 대화를 나누는 데 익숙하다. 우리도 외국에 나가서는 낯선 사람과도 자연스럽게 대화를 나누며 어울리는 경우가 있다. 그러다가도 한국 사람들끼리 있는 자리에 가면 무뚝뚝하게 말문을 닫는다. 낯선 사람이 말을 걸면 경계하는 눈치를 보이기도 한다. 낯선 사람을 만나면 경계심을 갖는 대신 먼저 가볍게 인사하는 습관을 들이도록 해보자. 처음에는 어색하겠지만 의식적으로 노력해 나가다 보면 낯선 사람과도 쉽게 대화하는 데 익숙해질 수 있다. 그렇게 하면 직장생활도 한결 원만하고 재미있어질 것이다.

회사에 지각하게 되었다고 치자. 이럴 땐 어떻게 대처하겠는가? 지각했다고 미안한 마음에 아무 말 없이 슬그머니 자기 자리로 가서 앉는 것은 금물이다. 늦었더라도 당당하게 인사를 하고, 늦은 이유에 대해 분명하게 말하고, 다음부터 늦지 않도록 하겠다는 등의 이야기를 덧붙이는 게 좋다. 물론 지각도 자주 하면 안 되지만 어쩌다 지각했다고 주눅이 들어 인사도 제대로 하지 않는 것은 곤란하다. 자칫 어색해질 수 있는 분위기도 씩씩하게 인사를 함으로써 피할 수 있다.

상사도 후배가 늦거나 실수를 했다면 빈정거리는 말 대신 유쾌하게 받아주는 것이 좋다. 그리고 부드럽고 명확한 말투로 조언을 해주도록 한다. 자칫 서로 눈치나 보면서 얼렁뚱땅 넘어가다가는 불필요한 오해가 생길 수도 있다.

신입사원일 때는 인사를 할 상황과 하지 말아야 할 상황을 제대로 분간하기가 쉽지 않다. 화장실 앞에서 상사와 마주쳤는데 큰 소리로 인사하는 건 더 어색하다. 화장실 앞에서는 가벼운 목례만으로 충분하다. 가볍게 목례를 하면서 낮은 목소리로 인사하는 것이 좋다. 어떤 경우든 인사가 사생활을 침범하는 수준에까지 이르면 곤란하다. 회의실처럼 큰소리를 내지 말아야 할 장소에서나, 하루에 여러 번 마주칠 경우에도 가벼운 목례면 충분하다. 이런 경우에는 인사말을 생략하고, 가볍게 목례를 하는 것이 좋다.

하루 일과를 마치고 퇴근 시간이 되었을 때, 신입사원이 "부장님! 수고하세요!"라고 인사하는 것은 어떨까? 퇴근하면서 아직 할 일이 남은 상사에게 이렇게 말하는 것이 적절한 표현일까? "수고 많으셨습니다." "수고하세요." 등의 표현은 윗사람에게 하는 인사로는 적절하지 않다. 그보다는 "내일 뵙겠습니다." 또는 "먼저 가보겠습니다."라는 식으로 인사하는 것이 좋다. 동료나 후배 직원에게는 "수고하세요."라는 식으로 인사해도 무방하다. 본인이 남아서 일을 더하는 경우 먼저 퇴근하는 윗사람에게는 "안녕히 가세요."라고 하고, 아랫사람이면 "수고했어요."라는 식으로 하면 될 것이다.

직장생활에서 대화의 물꼬를 트는 인사법! 기본적인 것이라 쉬울 것 같지만 실제로는 헷갈리기 쉬운 게 인사말이다. 상황에 따른 올바른 직장 내 인사법을 정리한다.

구분	목례(약례)	보통 인사	정중한 인사
각도	상체를 15도 숙임	상체를 30도 숙임	상체를 45도 숙임
시선	상대방을 주시	상대의 얼굴을 본 다음 고개를 숙여 인사	
자세	어깨는 수평으로 가슴은 곧게 펴고 발뒤꿈치는 모은다. 여자는 오른 손을 위로 하여 두 손을 앞으로 모은다. 남자는 뒤 주먹을 살며시 쥐고 바지 옆 재봉선에 위치시킨다.		
방법	• 상체를 굽혀 머리, 목, 등이 일직선이 되게 한다. • 숙인 다음 1초간 멈추었다가 천천히 든다. • 바로 선 상태에서 상대의 눈을 보며 미소 짓는다.		
상황	복도에서 상사나 손님과 스쳐 지나칠 때. 용건이 있을 때.	손님을 접대할 때. 상사에게 인사할 때.	상대방에게 감사하는 마음을 전할 때. 잘못을 사죄할 때. 귀빈이나 임원에게 인사할 때.

2

전화, 문자 커뮤니케이션은 명확하게

나는 아침에 일찍 일어나서 하루를 시작한다. 그 시간에 신문을 보고, 글을 쓰며 하루를 계획한다. 아무도 방해하지 않는 시간이기 때문에 나는 새벽을 좋아한다. 그런데 어느 날, 새벽에 전화가 요란하게 울렸다. 6시도 채 안 된 시간이었다. 새벽 시간에 전화가 오는 경우는 회사에 큰 일이 생겼거나 가까운 사람 중 누군가 상을 당했다거나 하는 등 대부분 좋지 않은 일들이다. 그래서 긴장한 채로 전화를 받았다. 그런데 저 너머로 아주 씩씩한 목소리가 들린다.

"부장님 안녕하십니까! ○○팀의 ○○○입니다. 오늘 오전

10시에 외부 업체와 미팅하기로 했는데 끝나고 점심을 함께 하는 건가요?"

"김 주임! 지금 몇 시지?"

"제가 출퇴근 거리가 멀어서 미리 스케줄을 확인하고 출근한다는 생각에 좀 일찍 전화 드렸죠? 죄송합니다."

아무리 급한 일이라도 새벽에 전화하는 것은 조심스러운 일인데, 그는 자기 입장에서만 생각한 것이다. 솔직히 후배 직원의 이런 행동은 짜증스럽다. '설마 정말로 저런 사람이 있을까?'라고 생각할지 모르지만 있는 게 사실이다. 열정이 지나쳐서 회사에 있는 시간 외에 업무적인 일로 상사나 동료에게 전화를 걸 수는 있다. 하지만 정말 급한 경우가 아니면 사적인 시간에는 전화를 하지 말라고 당부하고 싶다. 전화를 꼭 해야 할 상황이면 출퇴근 시간 30분 전후로 하는 게 좋다.

정말 아파서 결근을 해야 한다면?

살다 보면 예상치 못한 상황이 일어난다. 중요한 일을 앞두고 갑자기 몸이 아파서 움직일 수 없을 수 있고, 사고를 당할 수도 있다. 그런 일이 생기지 않는 게 가장 좋지만, 그런 돌발 변수가 생겼을 때는 상사에게 전화를 걸어 상황에 대해 잘 설명하도록 한다.

이런 경우가 있었다. 후배 직원의 어머니가 사무실로 전화를 걸어 자기 아들이 아파서 결근을 해야겠다고 하는 것이다. 신입사원들에게서 더러 있는 일이다. 물론 전화를 걸 수 없고, 문자도 남기지 못할 정도로 아플 수는 있다. 하지만 신입사원들의 경우에는 직장 상사가 대하기 어려워서, 혹은 핑계같이 들릴까 봐 본인이 직접 전화하지 않는 경우가 많다.

상대방에게 하기 힘든 말을 할 때는 말을 어떻게 꺼내야 하나 생각하게 된다. 하지만 복잡하게 생각하기보다 단순하고, 솔직하게 사실 그대로 말하는 것이 최선이라는 사실을 기억하자. 자신이 직접 전화해서 솔직하게 말하는 것이 제일 좋은 방법이다. 만약 그것도 힘들면 먼저 문자를 남기고, 나중에 상태가 좋아지면 직접 전화해서 사정을 설명하면 된다.

평소 전화로 대화를 잘 나누는 사람도 공적으로 전화를 하게 되면 어려운 점이 한두 가지가 아니다. 전화 대화는 회사 생활에서 빼놓을 수 없는 일 중의 하나인데, 신입사원들에게는 전화 대화가 두려움의 대상이 되기도 한다. 입사 초기부터 명확한 전화 매너를 익히고, 습관을 들인다면 좀 더 즐겁게 회사 생활을 할 수 있다.

사무실로 전화가 걸려오면 최대한 빨리, 전화벨이 세 번 울리기 전에 받는 것이 좋다. 전화기를 들면 먼저 인사를 하고 소속과 이름을 밝힌다. "감사합니다. ○○팀 ○○○입니다."라고 또렷하게 말하는 것이다. 이것은 일반적으로 전화를 받는 표준 멘트이다. 공손하지만 자신감 있는 말투는 필수이다. 전화를 거는 경우에도 마찬가지다. 자신의 소속과 이름을 밝히고, 전화를 건 용건을 간단하게 말하면 된다. 상대방이 부재중이라면 언제 돌아오는지 묻고 다시 전화하겠다고 한다.

업무로 전화 통화를 할 때는 통화 중에 반드시 메모를 하도록 한다. 통화를 하고 있을 때는 다 아는 것처럼 생각되지만 막상 끊고 나면 금방 들은 내용도 명확하게 생각나지 않을 때가 있다. 전화를 끊기 전에 통화한 내용을 간략하게 확인하는 태도도 중요하다.

시작할 때 못지않게 마무리도 중요하다. 전화 통화를 마치고 끊는데 간혹 수화기 너머로 상대방의 목소리가 들릴 때가 있다. 그런데 이미 나는 종료 버튼을 누르고 있다. 전화를 건 쪽이 먼저 끊는 것이 바람직하다. 상대가 용건을 다 말하기도 전에 받은 사람이 먼저 끊는 것은 좋지 않다. 어느 쪽이건 항상 상대방이 전화를 먼저 끊는 것을 확인하고 통화 종료 버튼을 누르는 습관을 들이는 게 좋을 것이다.

SNS가 발달하면서 많은 이들이 전화 통화보다 문자를 주고받는 데 더 익숙하게 되었다. 이런 현상은 직장 내에서도 마찬가지이다. 전화보다는 문자로 공지사항을 알리거나 대화를 하게 되는 경우가 많다. 공적인 문자를 보낼 때는 예의를 더 갖추어야 하는데, 이 또한 소홀히 하는 경우가 많다.

SNS 대화에서 조심해야 할 일들

문자를 보낼 때는 상대방이 나에 대해 알고 있더라도 소속과 이름을 밝히도록 한다. 전화할 때와 마찬가지로 "안녕하세요. 00팀 000입니다."로 시작하고 용건을 말하는 것이다. 문자도 최대한 예의를 갖추고 보내도록 한다. 아무리 친한 직장 동료나 상사일지라도 그렇게 한다. 문자나 카톡을 할 때 너무 많은 이모티콘이나 줄임 말은 사용하지 않도록 한다. 상대방으로부터 불필요한 오해를 받을 수 있기 때문이다.

카톡이나 문자를 직장 상사나 동료에게 잘못 보내서 당황스러웠던 경험이 있을 것이다. 말로 한 실수는 어떻게든 변명을 해볼 수 있지만, 카톡이나 문자로 한 실수는 증거가 남기 때문에 바로잡기가 더 힘들다. 생각만 해도 아찔하다.

어떤 동료는 후배가 자신에 대한 불만을 직장 내 단체 카톡방에 올린 일을 당했다. 의도적으로 그렇게 한 게 아니라, 그 후배가 다른 동료와 개인적으로 카톡 대화를 하다 잘못 눌러져 단체방으로 전송이 되어 버린 것이다. 공개적으로 후배로부터 불만의 대상이 된 그 동료는 어떻게 대처해야 할지 몰라

한참을 고민했다. 그 카톡방에서는 공개적인 언급을 하지 않고, 나중에 개인적으로 후배로부터 사과를 받았다고 했다.

누구든 이런 일을 겪지 않으리라는 보장이 없다. 내가 실수를 할 수도 있고, 남이 나에게 실수할 수도 있다. 이럴 때 제일 좋은 대처법은 솔직함과 신속함이다. 상황을 회피하는 데 급급하지 말고 신속하게, 그리고 솔직하게 피해 당사자에게 이야기하고 사과하는 것이 제일 좋다. SNS에서도 정직함, 솔직함보다 더 좋은 대책은 없다.

3

회의에서 똑 부러지게
발언하는 법

직장의 하루 일과 중에서 회의가 차지하는 비중은 매우 높다. 회의에서는 참석한 다른 사람들을 설득하는 일이 매우 중요하다. 신입사원일 때는 제일 피하고 싶은 시간 중 하나가 회의 시간일 수 있다. 회의에서 무슨 말을 해야 할지 모르고, 자신의 의견을 말하는 데 자신이 없어서 등 여러 이유가 있을 것이다. 하지만 절대로 피해갈 수 없는 것이 회의 시간이기도 하다. 많은 사람의 의견이 골고루 반영될 수 있는 효율적인 회의가 되려면 어떻게 해야 할까?

첫째, 회의 시작 전에 참석자들은 회의의 주제와 목적을 사전에 공유하도록 한다. 회의 주제를 회의 시작 때 참석자들에 알려

주는 것은 효과적인 방법이 아니다. 회의 참석자들이 주제와 목적이 무엇인지 미리 알고 첨석하도록 한다. 단순히 자료를 공유하는 것인지, 아니면 어떤 안건을 놓고 해결책을 모색하는 회의인지에 대해서도 미리 알려 주는 게 좋다. 주제를 미리 알고, 주제와 관련된 자료와 아이디어를 미리 챙기면 효율적인 회의에 도움이 된다. 참석자들은 사전 조사한 내용을 미리 메모해 두고, 발언할 내용도 미리 정리해서 회의에 참석하도록 한다.

이런 식으로 준비하면 회의에서 입 꾹 다물고 가만히 앉아 있다가 나오는 상황은 피할 수 있다. 준비를 하고 회의에 임하면 말하는 기술도 늘고, 회의 시간을 자신의 발전에 도움이 되는 시간으로 만들 수가 있다. 말주변이 없는 신입사원이라도 미리 생각하고 준비하면 회의에서 말을 잘할 수 있다. 자신 없다고 말하기를 꺼리기보다 이런 식으로 한 단계씩 노력해서 성장해 나가도록 한다.

둘째, 모두에게 공평하게 발언 기회가 주어지도록 한다. 회의는 서로 의견을 주고받는 자리이기 때문에 직위가 높은 사람이 일방적으로 결론을 내리는 것은 좋지 않다. 참석자들의 의견을 존중하고, 자율적인 분위기에서 의견을 조율해 나가도록 한다. 또한 이런 저런 의견을 나열만 하는 것이 아니라 의사 결정을 내리는 데 도움이 되는 방향으로 회의가 진행되도록 한다.

셋째, 회의 시간은 가급적 한 시간 이내로 간결하게 진행하도록 한다. 회의 시간을 효과적으로 쓰기 위해서는 회의 시작 전에 회의 참석자들에게 회의 안건을 미리 배포하도록 한다. 참석자들은 회의 시작 전에 반드시 회의 안건에 대해 읽어보고 본인의 생각을 정리해서 회의에 들어가도록 한다. 본인이 말할 내용을 미리 써놓고 연습하는 것도 좋은 방법이다. 그러면 회의에 참석해서 횡설수설하는 것을 피할 수 있다.

자신감이 넘치고 말을 스스럼없이 잘해서 다른 직원들로부터 호감을 사고 많은 기대를 받은 신입사원이 있었다. 그런데 그 사원은 회의 때 준비와 연습을 제대로 하지 않았다. 준비 없이 자신감 하나만 믿고 회의해 참석하는 것이었다. 그러다 보니 그 사원에게 실망하는 일이 많아졌다.

반대로 아주 소심하고, 자신의 의견을 잘 나타내지 못하는 친구가 있었는데, 이 친구는 상사가 말하는 내용에 귀를 기울이고, 잘못한 게 있으면 고치려고 노력했다. 회의 때도 의제와 관련된 준비를 철저히 했다. 처음에는 발표 능력이 신통치 않았는데 연습을 철저히 하고 수정 보완하는 노력을 통해 발언하는 실력을 성장시켜 나갔다.

말을 많이 한다고 말을 잘하는 것은 아니다. 상황에 맞는 말을 적재적소에 하는 것이 필요하다. 그리고 그러한 능력은 준비와 연습, 그리고 실전에서의 노력을 통해 조금씩 성장해 나간다.

직장생활에서는 순간의 지혜를 발휘해야 할 때가 많은데, 그 가운데 하나가 바로 상사에게 보고할 때이다. 회의만큼 중요한 게 보고인데, 보고할 타이밍을 제대로 맞추면 업무의 효율성을 크게 높일 수 있다.

보고의 핵심은
타이밍이다

상사는 보통 부하 직원보다 더 빠른 속도로 일을 처리한다. 회의나 다른 부서와의 업무 협의 등 빡빡한 일정을 소화하기 때문에 업무 속도가 빨라야 한다. 부하 직원이 여러 명이라 수시로 보고도 들어야 한다. 이런 사정을 감안해 보고하는 사람은 핵심부터 말하고, 필요하면 추가 설명을 하는 식으로 해야 한다. 보고할 때 이런 저런 상황을 장황하게 늘어놓는 것은 가뜩이나 바쁜 상사를 더 힘들게 한다.

예를 들어 지시사항의 이행 여부에 대해 보고할 때는 상사의 지시대로 일이 되어 가는지에 대해 결론을 먼저 말하도록 한다. "아직 덜 됐습니다." 라고 결론을 말한 다음 상사가 "그 이유가 무엇인가?" 라고 물으면 이유에 대해 자세한 설명을 하는 식이다. 즉, 과정이나 상황과 관련된 추가 설명은 상사가 하는 질문에 맞춰서 하면 된다. 만약 설명이 복잡해서 시간이 걸릴 것 같으면 나중에 문서로 만들어 제출하겠다는 식으로 답한다.

'엘리베이터 보고'라는 것이 있다. 30초 안에 보고를 끝내라는 취지에서 생긴 말이다. 이를 무조건 보고 시간을 단축시켜 빨리 끝내라는 것으로 오해하면 안 된다. 보고 내용의 핵심을 잘 간추려서 하는 것이 중요하다. 중요한 핵심 문장을 먼저 말하고, 그 다음 추가로 설명하는 식으로 한다. 전체적으로는 짧은 문장 10개 이내로 보고를 끝내는 것이 바람직하다.

예를 들어 회사 내 불만 사안에 대해 보고한다고 치자. "회사 내 A, B, C와 같은 이유로 불만이 증가했습니다."라고 말하지 않고, "회사 내 불만이 증가했습니다. 그 이유는 A, B, C 때문입니다."라는 식으로 말하는 훈련을 하자.

신입사원 때는 보고를 너무 자주하면 상사가 귀찮아할지 모른다는 걱정이 들기도 한다. 그러다 보면 보고 거리가 있어도 계속 미루다가 막판에 한꺼번에 몰아서 보고하는 식이 되고 만다. 하지만 한꺼번에 보고할 경우 일의 방향이 중간에 잘못되어 있다면 바로잡기가 어려울 수 있다. 상사 입장에서는 중간에 보고를 받아야 일의 진행 사항을 수월하게 체크할 수 있고, 방향이 잘못되었을 때 바로 수정할 수 있다. 따라서 업무 보고는 중간에 수시로 하는 게 좋다.

4

일상 대화
리드하기

직장인의 경우 하루 시간 중 3분의 1을 보내는 곳이 바로 직장이다. 그만큼 높은 비중을 차지하는 곳이 직장이다. 직장 동료들끼리는 업무에 관한 대화를 많이 하지만, 그에 못지않게 일상적인 대화도 많이 나눈다. 업무와 관련된 발표는 잘하는데 일상적인 대화를 자연스럽게 이끌어가기 힘들어 하는 사람들이 의외로 많다. 직장 생활에 활기를 더해 주는 상사, 동료와의 일상 대화는 어떻게 풀어나가야 할까?

직장에서 일상적인 대화를 가장 많이 하는 자리는 식사 시간이 아닐까 한다. 나는 신입사원 때 상사와의 식사 자리가 몹시 불편하게 느껴졌다. 당시 직장 상사는 쉽게 대하기 어렵고, 작은 실수라도 하면 어쩌나 하는 마음 때문에 불편하기 그지없었다. 그리고 무슨 말을 어떻게 이어갈지도 몰랐다. 그러니 식사 자리 가 곤혹스러울 수밖에 없었다.

식사 자리가 유쾌한 대화의 장이 된다면 더할 나위 없이 좋을 것이다. 하지만 일상 대화가 익숙하지 못한 사람들에겐 대화에 참여하는 것 자체가 힘들다. 그럴 때는 가장 일상적인 주제로 대 화에 참여해 보도록 한다. 예를 들어 날씨는 아주 흔하지만 누구 나 관심을 갖고 있고, 쉽게 접근할 수 있는 주제이다. 날씨에 관 한 이야기를 할 때도 내 이야기로 끝내는 것이 아니라 상대방의 반응을 들을 수 있도록 질문을 던지는 것이 좋다. 서로 주고받을 수 있어야 대화가 이어지기 때문이다.

예를 들어, 어제 날씨가 너무 더워 힘들었다고 한다면, "요즘 너무 덥네요." 라고 말을 끝내기보다는 자신의 사례를 섞어서 "어제 더워서 밤새 자다 깨다를 반복했어요. 팀장님은 잘 주무셨 어요?" 라는 식으로 질문하는 것이다. 그러면서 자연스럽게 대화 가 이어질 수 있다. 이런 식으로 상대의 말을 경청하면서 대화를 이어나가면 된다.

다양한 주제로 대화를 계속하다 보면 자신도 모르는 사이에 사내 정보도 쌓여 간다. 동료에 대해서나 직장 상사에 대해 모르 고 있던 새로운 사실을 알게 되고, 어떤 사람에 대해 가지고 있 던 편견도 대화를 통해 바로잡아 나갈 수 있다. 그러면서 동료들과의 신뢰 관계도 만들어지게 된다.

직장 생활이라고 딱딱한 말만 해야 한다는 생각은 버리자. 인간은 누구나 소통의 욕구가 있고, 서로 의견을 나누고 소통이 잘된다는 생각이 들 때 자신의 존재가치에 대해 느끼고, 삶에 대한 즐거움도 커진다. 직장 상사나 동료도 그런 공감대를 형성할 수 있는 대상이 될 수 있다.

일상 대화에도
준비하는 습관을 기르자

평소에 이런 일상적인 주제에 대한 말주변이 없다면 소재를 분류하여 미리 질문 거리를 만들어 놓는 것도 좋은 방법이다. 직장생활에서뿐 아니라 낯선 사람을 만날 때 이런 준비 습관은 굉장히 유용하다.

나는 평소 신문과 뉴스를 통해 대화 거리를 찾는다. 대화 거리가 떨어지면 신문에서 본 사회적인 이슈들로 대화 물꼬를 트기도 한다. 물론 많은 이들이 관심을 가지고 있고 무겁지 않은 소재를 택한다. 예를 들어 큰 사고 뉴스가 있을 때 "그 뉴스 봤어요? 안타까워서 어떡해요." 이런 식으로 감정을 담아서 대화의 물꼬를 트는 것이다. 그러면 대부분의 사람들은 내 말에 공감하면서 자신의 생각을 덧붙인다. 그렇게 대화가 시작되는 것이다.

일상적인 대화를 나눌 때 하면 좋은 대화법과 주의할 점을 정리해 본다. 먼저 서로의 생각이 다름을 인정하며 대화를 해나가는 태도가 중요하다. 자칫 대화하다가 옳고 그름의 문제로 서로 감정이 격해지는 것은 피하도록 한다. 직장에는 다양한 생각을 가진 사람들이 있고, 대화에 임하는 태도 또한 다양하다는 점을 명심하도록 한다.

첫째, 직장 동료나 상사의 사소한 변화를 관심을 갖고 칭찬해 준다. 칭찬을 듣고 좋아하지 않는 사람은 없다. 빈말이라도 칭찬을 들으면 기분이 좋아지고, 나아가 사무실 전체 분위기까지 좋아진다. 매일 보는 사람이라도 사소한 변화를 체크해서 칭찬하는 습관을 기르자. 넥타이 색상이 잘 어울린다든지, 얼굴 표정이 환해 보인다든지 하는 사소한 칭찬으로 동료와 상사의 호감을 불러일으킬 수 있다.

둘째, 말에 진정성을 담도록 하자. 남이 듣기 좋은 말을 하는 것도 좋지만, 진정성이 없는 말은 듣는 사람이 금방 알아차린다. 그렇게 되면 진정한 대화로 이어지기 어렵다. 누구나 그런 경험이 있을 것이다. 어떤 대화에서든 솔직하고 진심이 담긴 말을 하는 습관이 몸에 배도록 하자.

셋째, 쓴소리도 가능한 한 부드럽게 한다. 어느 정도 친숙해지고 신뢰가 쌓인 사이가 되면 상대방에게 쓴소리를 해야 할 때도 있다. 쓴소리를 할 때도 가능한 한 상대가 상처받지 않도록 배려하면서 부드러운 말로 하는 것이 중요하다.

예를 들어, "당신은 이것이 문제야!" 라고 하는 대신에 "가능하면 이렇게 했으면 좋겠다."라는 식으로 말한다. "그렇게 하지 마!" 라고 하는 대신 "그렇게 안 하는 게 좋지 않겠느냐."는 식으로 상대방의 입장을 배려해 부드럽게 말해 주는 것이다. 같은 말이라도 어떻게 표현하느냐에 따라 고마운 말이 될 수도, 듣기 싫은 말이 될 수도 있다는 점을 기억하자. 이렇게 상대의 감정을 배려하면서 말하다 보면 상대방의 마음을 움직이기도 쉬워지고, 어느덧 소통의 달인이 된 자신을 보게 될 수 있을 것이다.

일상적으로 건네는 대화 역시 상대에게 관심을 가지고 이끌어가다 보면 재미있는 대화가 이어지고 신뢰 관계도 형성될 수 있다. 질문으로 상대방의 대화를 유도한 다음에는 상대의 말을 경청하는 태도가 반드시 필요하다. 그래야 대화가 계속 이어질 수 있다. 적절한 질문으로 대화의 물꼬를 트고, 상대의 말을 경청하고, 적절한 반응을 하는 습관을 들이면 누구나 직장에서 대화의 달인이 될 수 있다.

5

알아두면 유익한
직장 생활의 소소한 팁

'실수하지 마라! 상사들이 넘어가 주기는 하는데 절대 그 일을 잊지는 않는다.' 신입사원 사내 예절 교육 때 특별히 강조하는 말이다. 신입사원들은 누구나 실수를 한다. 그걸 보고 선배들은 겉으로는 이해한다는 반응을 보인다. 하지만 아무리 사소한 실수라 해도 그로 인한 부정적인 이미지는 꽤 오랜 시간 남기 마련이다. 가능하면 사소한 실수라도 최소한으로 줄이는 게 상책이다.

사내 조직별로 신입사원들이 현업에 배치되어 가장 많이 하는 실수가 무엇인지 알아보았더니 다음과 같은 항목들이었다. 호칭 문제, 압존법과 극존칭, 상석 예절, 술자리 예절, 경조사 등이었다. 대부분 직장 경험이 없어서 겪는 문제들이다. 사소하지만 간과하기 쉬운 직장 예절들을 소개한다.

- 직위는 나보다 높은데 나이는 내가 많을 경우에는 직위를 우선시 한다. 직위에 따라 깍듯이 예우하는 게 좋다.
- 직위는 나보다 낮은데 나이는 나보다 많을 경우에는 내가 직위가 높다고 해서 함부로 대하지 않도록 한다. 예의를 갖추는 것이 좋은 인상을 준다.
- 입사 동기나 나이가 같은 경우, 이름 뒤에 직위를 불러주는 것이 좋다. 직위가 없는 경우에는 ○○씨 정도가 좋다. 개인별 친분에 따라 다르겠지만 사내에서는 가급적 '○○야~' 하는 식으로 부르는 것은 삼간다.
- 상석과 말석은 눈치껏 구분한다. 상석은 업무적인 자리나 회식자리 등에서 윗자리를 말한다. 말석은 지위가 가장 낮은 사람의 자리로 신입사원이 앉는다. 요즘 많은 기업들이 수평적인 조직문화를 추구하고 있어서 상석과 말석의 개념이 흐려지고는 있다. 그러나 이런 트렌드에 굳이 앞장서다가 상사들의 눈 밖에 날 필요는 없다.

말석과 상석

- 회의실에서는 상석과 말석의 구분이 비교적 쉽다. 높은 직급의 경우에는 앉는 자리가 고정적으로 정해져 있다. 보통은 정 중앙, 그리고 출입구에서 가장 먼 곳이 상석이다. 신입사원인 경우 출입문과 가장 가까운 곳에 앉으면 큰 문제가 없다.

- 굳이 구분하자면 엘리베이터에도 상석과 말석이 있다. 회의실에서와 마찬가지로 출입문에서 먼 곳이 상석이라고 보면 된다. 신입사원의 자리는 엘리베이터 버튼이 있는 곳이다. 다른 사람들이 가야 할 층수를 대신 누르고, 상사가 먼저 내릴 때 열림 버튼을 살짝 누르는 일도 신입사원의 몫이다.

- 회식자리에서 상석은 테이블의 중앙이다. 말석은 당연히 출입문과 가까운 자리다. 문 가까이에서 필요한 잔심부름을 맡아서 해야 하기 때문이다.

- 동료들과 함께 택시를 타는 경우 뒷좌석 오른쪽이 상석이다. 예를 들면 팀장과 다른 상사, 그리고 여직원, 나, 이렇게 넷이서 택시를 탄다면 여사원은 가장 늦게 탈 수 있도록 배려하는 게 좋다.

직장 회식 자리에서의 예절

술을 잘 마시는 것은 유전적으로 타고난다고 한다. 그런 사람은 체내에서 알코올을 빨리 분해하기 때문에 쉽게 취하지 않는다. 나는 술을 잘 마시지 못해 힘들게 직장생활을 해왔다. 물론 지금은 전반적인 사회 문화가 변했다. 술을 잘 마시지 못해도 문제가 되지 않는다. 옛날처럼 술 마시는 것을 강요하지도 않는다. 자기 주량만큼 마시면 된다. 그런데 음주량과 상관없이 술자리에서 예의를 갖추는 일은 매우 중요하다.

신입사원들을 데리고 사업장 방문을 할 때였다. 찾아가는 사업장별로 신입사원을 환영하는 술자리가 마련되었다. 신입사원이 어느 선배사원에게 술을 따르는데 왼손으로 따르는 것이었다.

그 선배사원은 "나 이런 사람 처음보네~"하며 화를 벌컥 냈다. 그 선배는 물론 기분이 좋지 않았지만, 그 신입사원도 놀라고 당황했다. 그 신입사원은 왼손잡이였던 것이다. 그래서 무심결에 왼손으로 술을 따르는 실수를 하게 된 것이었다. 이처럼 기본적인 예절은 몸에 익혀서 우리 사회에서 금기시 되는 행동은 피하도록 한다.

술을 따를 때

- 윗사람에게 술을 따를 때는 오른손으로 술병을 잡고 왼손으로 술병 밑을 바친다.
- 다른 사람이 사이에 있어도 뒤에서 따르지 않는다. 옆 사람이 대화중이면 양해를 구하고 따른다.
- 술은 가능하면 상급자부터 따라드리는 것이 예의다.
- 무릎을 꿇고 따를 필요는 없다.
- 따르는 양은 상대의 주량을 고려하되 기본은 8부 정도로 한다. 이때 잔이 넘치거나 술병의 술이 부족하지 않도록 주의한다.

술을 받을 때

- 윗사람으로부터 술을 받을 때는 오른손으로 술잔을 잡고 왼손으로 술잔을 바친다.
- 다른 사람이 사이에 있어도 뒤쪽으로 받지 않는다. 옆 사람이 대화중이면 양해를 구하고 받는다.
- ☞ 술을 못 마신다고 손으로 막거나 술 따르는 도중에 잔을 올려서 거부의사를 표시하지 않는다.

☞ 반드시 원샷을 할 필요는 없으나 첫잔, 마지막 잔, 파도 타기 등 분위기상 필요할 때는 눈치껏 잘 처신한다.

나만의 건배사로 존재감을 높인다

분위기를 띄우고 친목을 돈독히 하는 데 건배사는 중요한 역할을 한다. 센스 있는 건배사로 그날의 주인공이 되기도 한다. 하지만 길어야 1분도 채 안 되는 건배사로 좌중을 사로잡기란 쉬운 일이 아니다. 센스 있는 건배사는 동료들에게 자신의 이미지를 새롭게 보여줄 기회가 되기도 한다. 술자리가 예전보다 많이 줄었지만, 그래도 인터넷 등에 소개된 건배사 몇 가지를 외워두면 요긴하게 써먹을 수 있다. 건배사 만드는 방법을 간단히 소개한다.

건배사는 삼행시 형식의 줄임말과 선창과 후창 형식의 대화형 등 다양하다. 삼행시 형식의 줄임말을 쓰는 경우 다소 뜬금없는 세 글자에 색다른 의미가 담겨 있다. 청중이 단어의 음을 선창하면 화자가 그 뜻을 설명하는 방식이다. 예를 들면, '소화제'(소통과 화합이 제일이다), '뚝배기'(뚝심 있게 배짱 있게 기운차게), '끈끈끈'(업무는 매끈 술은 화끈 우정은 따끈), '사이다'(사랑을 이 술잔에 담아 다 함께 원샷), '청바지'(청춘은 바로 지금부터), '모바일'(모든 일이 바라는 대로 일어나라) 등이다. 선창과 후창 형식의 대화형을 예를 들면, '우리가 남인가'라고 외치면 좌중이 일제히 '아니다'고 화답하는 형식이다. '이게 술인가?'라고 선창하면 '아니다!'라고 외치고, '그럼 뭔가'라고 다시 물으면 '정이다'(건배사)로 끝맺는 식이다. 재미있는 건배사를 기억할 자신이 없으면 스마트폰 앱을 활용하는 것도 방법이다.

나만의 건배사로 존재감을 높이는 방법, 건배사는 간결할수록 좋다. 짧은 멘트에 함축적 의미를 포함해야 한다. 건배사의 핵심은 모든 사람이 한목소리로 구호를 외치는 것이다. 건배사를 외칠 때는 평소 말할 때보다 목소리를 크고 힘 있게 내면서 타이밍을 맞추는 센스가 필요하다. 즉, "준비됐습니까?" 등의 추임새를 활용하면 일사불란하게 좌중을 이끌 수 있다.

더 중요한 것은 건배사의 의미와 내용이다. 기왕이면 모임의 목적에 맞게, 그날의 주인공을 띄워주는 건배사면 좋다. 직장인의 애환이 담긴 건배사로 참석자들의 가슴을 흔들 수 있을 때 박수를 받는다. 창의적인 건배사 하나가 술자리 분위기를 살리면서 자신의 존재감도 높일 수 있다는 점과 센스 있는 직원으로 거듭날 수 있다는 점을 명심하자.

건배할 때

- 건배 제안을 받았을 때 당황하지 않도록 미리 자리에 맞는 건배사를 준비한다.
- 상급자와 잔을 부딪힐 때는 상급자의 잔 1cm 정도 아래쪽을 부딪친다.
- 건배 후 잔을 그냥 내려놓지 않고 조금이라도 마신다.
- 상가(喪家)에서는 잔을 부딪치지 않는다.

경조사 예절

직장 생활을 하면서 빠트릴 수 없는 일 가운데 하나는 경조사를 챙기는 일이다. 개인에 따라 회사 규모에 따라 다르겠지만 챙겨야 할 경조사는 반드시 있다. 예전에는 직장 동료 가족의 회갑잔치, 칠순잔치, 돌잔치, 집들이 등 찾아다닐 경조사가 많았다. 이제는 대부분 사라지고 결혼식과 장례식만 챙기면 되는 분위기가 되었다. 경조사도 실제로 참석해 본 경험이 없으면 막막한 상황을 겪을 수 있다. 결혼식과 장례식장에서 참고할 예절을 몇 가지 정리한다.

결혼식 예절

- 단정한 차림으로 식장에는 30분 전에 도착한다.
☞ 청첩장과 약도는 스마트폰에 사진을 찍어 저장해 두자.
☞ 신입사원들이 축의금을 해야 하는지, 한다면 얼마를 해야 하는지 문의하는 경우가 많다. 정답은 없다. 청첩장을 받은 경우에는 축의금을 내는 게 바람직하다. 청첩장을 받지 않은 경우는 축의금을 내지 않아도 무방할 것이다. 축의금의 액수는 초청자의 친분 정도에 따라 다를 수밖에 없다. 되도록이면 주위 분들과 상의하여 균형을 맞추는 것이 좋다. 이런 일은 직장 경험이 쌓이면서 자연스럽게 터득이 되니 미리 걱정할 필요는 없다.
☞ 결혼 선물을 보낼 때는 편지나 명함을 동봉하도록 한다.
☞ 친구나 입사동기 결혼식이라면 신랑, 신부가 신혼여행을 떠날 때까지 자리를 지켜주는 것이 좋다.

장례식에 갈 때

가급적 검정색 계통의 의상이 좋다. 넥타이도 그렇다. 밝고 화려한 색상의 넥타이는 매지 않는 편이 더 좋다. 고참 사원이 되면 회사에 검정 넥타이를 보관해 두는 경우도 많다.

어떤 신입사원이 장례식장이라고 하면서 갑자기 전화가 왔다. 절은 몇 번을 해야 하는 것인지 묻는 전화였다. 생각지 못한 의외의 질문에 약간 황당했지만 한편으로는 그 친구가 이해되기도 했다. 아무리 하찮은 일이라도 경험해 보지 않으면 모른다. 그 친구는 그때까지 장례식장에 다녀 본 경험이 없었던 것이다. 절을 한다면 보통 큰절로 두 번 한다. 종교에 따라 절을 하지 않고 꽃을 바치는 경우도 있다. 상가 측에서 준비한대로 따라하면 된다.

향을 피우는 경우에는 오른손으로 향을 잡아 왼손에 집어든다. 불을 붙여서 끄고 연기가 피어오르는 상태로 향로에 꽂는다. 마지막으로 상제들과 맞절을 한다. 이때 위로인사로 '얼마나 슬프십니까?'는 식의 멘트를 하면 된다. 축의금이나 부의금을 넣는 봉투 서식은 '결혼을 진심으로 축하합니다.' '고인의 명복을 빕니다.'는 식으로 한글로 써도 무방하다. '축결혼'(祝結婚)과 '부의'(賻儀) 등 한자어 서식을 외워두면 요긴하게 써먹을 수 있다.

여기 소개한 내용은 아주 기본적인 예절이긴 하지만 직장 생활을 하며 몰라서 놓친 부분들이 있을 것이다. 다시 한 번 정리하면서 직장 생활 더 나아가 성공적인 자신의 인생을 경영하는 데 도움이 되면 좋겠다.

안규호

이 시대 '진짜 프로 영업자'로 통하며 한국세일즈성공학협회의 '영업 대장.' 영업을 못 하면 아무것도 할 수 없다고 말하는 프로 영업자이다. 영업이라는 치열한 전장에서 승리를 거머쥘 수 있도록 영업인들을 돕는 대표 멘토 역할을 자임한다. 국내에서 몇 안 되는 연봉 10억의 영업인. 저서 『나는 인생에서 알아야 할 모든 것을 영업에서 배웠다』『멘트는 죄다』

이메일 : dream_walker85@naver.com 홈페이지 : https://cafe.naver.com/cloud505

4장

성공한 영업을 보장하는
멘트의 힘

세일즈 대화
+ 안규호 +

멘트의 힘

군대를 갓 전역한 스물네 살의 청년이 할 수 있는 일은 참 제한적이었다. 누구보다 많은 돈을 벌고 성공하고 싶었다. 하지만 최종학력이 고등학교 검정고시인 나를 받아줄 좋은 회사는 없었다. 그렇다고 최저 시급을 받는 공장으로 가고 싶지는 않았고, 군 입대 전에 일한 웨이터 생활로 돌아가고 싶지도 않았다. 고민 끝에 내가 내린 결론은 영업 아니면 창업이었다. 창업에는 돈이 드니 가난한 가정형편에 몸뚱아리 하나 가진 내가 선택할 수 있는 길은 영업뿐이었다.

영업의 기초도 모르면서 겁 없이 영업의 세계로 뛰어들었다. 하지만 그때 나는 젊었고 패기가 넘쳤다. 남들에게 아쉬운 소리는 죽어도 못하던 내가 선택한 것은 캐피탈의 대출 영업이었다. 내가 먹고 살기 위해 지인들에게 "대출 좀 받아라."라는 부탁을 하지는 않을 자신이 있었다. 국내 최대의 캐피탈 회사에 입사지원서를 내고 면접을 보게 되었다. 면접관은 걱정 어린 눈으로 말했다.

"영업 해본 적 있어요? 어린 것 같은데 할 수 있겠어요?"

"네, 잘할 자신 있고, 입사하면 1등 할 수 있습니다."

영업을 처음 시작하며 나의 포부는 남달랐다. 누구보다 멋진 미래를 꿈꾸었다. 하지만 현실은 생각했던 것과 너무도 달랐다. 영업의 세계는 나 같은 아마추어가 기적을 기대할 수 있는 곳이 아니었다. 그곳은 철저하고도 냉정한 프로의 세계였다. 내가 할 수 있는 최선의 방법은 다른 동료들보다 2배, 3배 더 노력하는 수밖에 없었다.

나의 일과는 새벽 5시면 시작되었다. 누구보다 일찍 나와 주차된 차에 전단지를 꽂는 일명 '차꽂이' 영업으로 하루를 시작했다. 출근시간이 되기 전까지 정장차림으로 열심히 차꽂이를 한 다음 회사로 나가 조회에 참석했다. 조회가 끝나면 판촉물 가방에 포스트잇을 가득 담아 '빌딩 타기'를 비롯해 판촉 지역을 돌며 방문 영업을 했다. 일을 마친 다음에는 회사로 돌아가 종례를 하고 나서 퇴근했다. 간단하게 저녁을 먹고 나면 '흑인가면'을 쓰고 먹자골목으로 향했다. 아는 사람과 마주칠까 흑인가면을 쓴 채 열심히 명함을 돌렸다.

평일, 주말 가리지 않고 하루도 빠짐없이 14시간 넘게 일했다. 지치고 힘들었지만 성공하고 말겠다는 간절함과 회사에서 본 성공한 세일즈맨의 모습, 성공하면 얻게 될 윤택한 삶과 좋아할 가족의 모습을 떠올리며 이를 악물고 견뎠다. 그러나 두 달 후 실적 제로라는 결과를 받아들고 나는 절망했다. 회사에서 최고 실적의 선배를 찾아갔다.

"선배님 도와주세요, 정말 성공하고 싶습니다. 어떻게 해야 할지 방법을 알려주세요."

"당신 같은 사람은 분명히 성공해요. 지금처럼 꾸준히 하면 되요, 조금만 더 열심히 해요."

선배의 대답이 나를 더 절망스럽게 했다.

'지금보다 더 열심히 하라니!'

매일 하루 14시간 이상 일하는데 지금보다 열심히 하란 이야기는 나보고 죽으란 이야기인가, 계속 일의 노예로 살아가라는 말인가? 이건 아니라는 생각이 들었다.

그런 식으로는 도저히 답이 없어 보였다. 방법을 바꿔야 했다. 세일즈와 마케팅, 영업에 대한 책을 닥치는 대로 구해서 읽었다. 다양한 영업방식에 대해 밑줄을 쳐 가며 공부했다. 그런 다음 제일 먼저 선택한 영업방식이 텔레마케팅이었다.

당시 회사에서 주력으로 삼은 영업방식은 방문 영업이나 소비자 정보를 기반으로 맞춤형 판촉 메시지를 발송하는 DM, 그리고 인터넷 마케팅이었다. 텔레마케팅은 회사에서 아무도 하지 않는 방법이었다. 텔레마케팅을 하겠다고 하자 모두 한 마디씩 했다.

"왜 아무도 안 하는 짓을 하려고 그래, 무슨 텔레마케팅이야, 남들이 안 할 때는 다 그럴 만한 이유가 있는 거야, 예전에 다 해본 거야, 하지 마."

모두 만류했지만 나는 선택의 여지가 없었다. 더 이상 영업비용을 쓸 돈도 없고, 돌아다닐 차비도 없었다. 내 돈 안 들이고 회사에서 할 수 있는 방법은 전화뿐이었다. 텔레마케팅도 처음부터 성과가 나지는 않았다.

"안녕하세요, 현대캐피탈입니다."

"네, 바빠요, 대출 필요 없습니다."

전화를 하면 고객들은 내가 하려고 하는 이야기는 듣지도 않고 끊어 버렸다. 대화가 이어지질 않으니 성과가 나올 리 없었다. 어떤 고객들은 얼굴을 보지 않는다고 대뜸 반말이나 험한 욕설을 쏟아냈다.

"끊어, 이 새끼야!"

마구 날아오는 육두문자들이 나를 더 힘들게 했다. 사흘쯤 전화를 돌리자 몸과 마음은 지칠 대로 지쳐 버렸다. 동료들의 눈치를 보며 온종일 전화하는 것도 힘들고, 고객들의 냉대와 무시, 특히 실적이 없다는 사실이 더 나를 괴롭게 했다.

'나는 영업이랑 안 맞나? 때려치워야 하나?'

오만가지 생각이 들었지만 이대로 그만두기에는 자존심이 너무 상했다. 패배자로서 이곳을 떠나고 싶지는 않았다. 떠나더라도 박수칠 때 떠나겠다는 오기가 생겼다. 밤마다 고객과 전화하는 모습을 상상하며 방법을 연구했다.

멘트 한마디 바꾸면
매출이 달라진다

'어떻게 하면 두 마디 이상 말을 이을 수 있을까? 도대체 어떻게 해야 고객들이 나의 말을 들어줄까'

어떻게 멘트를 해야 고객에게 다가갈 수 있을지 매일 고민하고 또 고민했다. 그러고 나서 마침내 내가 맨 처음 시도한 일은 인사말을 조금 바꾸는 것이었다.

"안녕하세요, 현대캐피탈 금융센터입니다."

예전에 그냥 '현대캐피탈입니다.' 라고 말하면 고객들은 이 회사의 익숙한 이미지인 담보대출을 떠올리게 되고, 그런 부정적인 광고라는 생각에 바로 전화를 끊어 버렸다. 하지만 금융센터라는 단어 하나만 추가했을 뿐인데 고객들의 반응은

180도 바뀌었다.

"네, 어디라고요?"라고 되물었다. 고객들로부터 궁금증과 반응을 이끌어낼 수 있게 된 것이다. 대성공이었다. 왜냐고? 일단 고객들이 전화를 끊지 않았기 때문이다. 그런 다음 준비한 멘트를 시작한다.

"현대자동차 계열사 현대캐피탈입니다. 자동차 구입하실 때 많이 들어 보셨죠? 바로 그 현대캐피탈 금융센터입니다."

고객들에게 익숙한 부정적인 이미지 대신 조금 더 긍정적이고 자연스럽게 받아들일 만한 이미지를 멘트에 담아 새롭게 전달하는 것이었다. 그렇게 하면 고객들도 다시 자연스럽게 대화를 이어갔다.

"아, 그런데 왜요?"

"다름이 아니라 대부업이나 고금리 피해 설문조사 때문에 전화 드렸습니다. 잠시 통화 괜찮으시죠?"

"말씀하세요."

"고객님 지금 대부업이나 제2, 3 금융권 때문에 신용 하락이나 고금리 피해 사례가 굉장히 많은데 고객님께서는 피해가 없으시나요? 혹시 고금리 대출 사용하고 계신 것 있나요?"

대화가 이어지면 곧바로 상품을 설명하는 것이 아니라 '설문조사'라고 멘트를 바꾸었다. 일방적인 상품 설명이 아니라, 고객에게 질문하고 그들의 이야기를 들었다. 멘트의 방향을 바꾸었더니 오히려 고객들이 나에게 자신의 상황에 대해서 순순히 이야기해 주기 시작했다. 나 역시 쫓기듯이 조급한 마음으로 설명할 필요가 없으니 긴장하지 않고 말투에도 여유가 묻어났다. 정말 설문조사를 한다고 생각하자 실적에 대한 부담도 없어졌다.

나는 고객과 통화하며 회사의 상품에 대해서 단 한 번도 말하지 않았다. 그저 고객에게 계속 질문하며 그들의 이야기를 들어주었다. 그러다 고객이 고금리 상품을 쓰고 있다고 하면 그때부터 나의 본격적인 영업이 시작되었다.

"사장님, 비싼 금리를 사용하고 계시네요! 이자는 다 버리는 돈인데 아깝지 않으세요. 저금리로 대환할 수 있게 제가 좀 도와드릴까요?"

"어떻게요?"

"저희 센터의 전문가 분들과 미팅을 잡아드릴게요. 내일 오후에 시간 괜찮으세요?"

나는 끝까지 상품에 대해 설명하지 않았다. 그보다는 다시 만날 기회를 만들면서 순수하게 고객을 도와주는 사람이라는 이미지를 심는 데 주력했다. 그러자 오히려 고객들이 나에게 감사하다고 말했다.

예전에는 첫인사를 하면 회사 소개와 상품을 설명하기에 급급했다. 고객들의 반응은 싸늘했다. 하지만 멘트의 흐름을 바꾸자 고객들이 순순히 자신의 이야기를 해주었고 나에게 도움을 청하였다. 이런 방식으로 고객과 약속 시간을 잡고 나면 다음 날 나는 현대캐피탈 금융센터의 전문가로 변신하여 고객들과 미팅했고 하나, 둘 계약을 체결해 나갔다.

텔레마케팅을 시작한 지 한 달 만에 내가 거둔 실적은 놀랍게도 지점 2등이었다. 실적 꼴찌의 영업사원이 한 달 만에 지점 2등이라는 놀라운 성과를 만들어낸 것이다. 실적 상위 1%를 의미하는 '슈퍼 LP' 타이틀을 가진 1등 선배와도 정말 아슬아슬한 차이였다. 나는 남들도 다 할 수 있고 성과를 내기 어렵다는 텔레마케팅으로 영업을 했다. 그런데 실적은 두세 배가 아니라 수십 배로 뛰었다. 단순히 멘트 방향만 살짝 바꿨을 뿐인데 말이다.

"축하해. 진짜 개고생 하더니 결국 해내는구나. 너는 될 줄 알았다. 너는 앞으로 텔레마케팅만 쭉 해. 진짜 대단하다."

그 달의 마감 회식이 지금도 잊히질 않는다. 내가 영업을 하며 처음 거둔 실적이고 회사의 인정, 동료들의 아낌없는 축하, 그 뜨거운 성취감이 '멘트'를 바꾸자 내게 찾아왔다. 멘트 한 마디가 얼마나 중요하고 필요한 것인지, 앞으로 어떻게 영업을 해야 할지 내게 방향을 제시해 준 것이었다.

나는 0과 1에 대해 많이 이야기한다. 어떤 숫자에 0을 곱하면 아무리 그 숫자가 크더라도 결과는 0이다. 하지만 1이 되는 순간 곱하는 숫자에 따라 어떤 결과도 만들어 낼 수 있다. 내가 바꾼 것은 고객을 상대하는 멘트, 딱 이 한 가지였다. 이 한 가지만 바꿨을 뿐인데 놀라운 성과를 이뤄낼 수 있었다.

유튜브에서 화제가 된 'GS 칼텍스 마음이음 연결음'이라는 이름의 동영상도 멘트가 마케팅에 얼마나 큰 영향을 주는지 잘 보여준다. 2분 50초 분량의 이 동영상은 실제 텔레마케팅을 할 때 고객 상담사들이 겪는 감정노동을 주제로 한 것인데, 상담에 앞서 특정한 '통화 연결음'을 삽입했을 때 고객의 반응이 어떻게 변하는지 보여준다.

"제가 세상에서 가장 좋아하는 우리 엄마가 상담해 드릴 예정입니다. 잠시만 기다려 주세요."

"착하고 성실한 우리 딸이 상담 드릴 예정입니다."

"사랑하는 우리 아내가 상담 드릴 예정입니다."

변화는 그야말로 놀라웠다. 전화기 너머로 들려오던 비하와 욕설은 눈에 띄게 줄어들었고, 고객의 반응도 확연히 좋아졌다. 단지 '마음이음 연결음' 하나만 삽입했을 뿐인데 상담원의 스트레스는 54.2퍼센트 감소, 고객의 친절한 반응은 8.3퍼센트 증가, 상담원이 존중받는 느낌은 25퍼센트 증가, 고객의 친절에 대한 기대감이 25퍼센트가 증가하는 등 모든 면에서 긍정적인 변화를 불러왔다. 이 공익광고 형식의 동영상은

'감정노동'에 방점이 찍힌 것이지만, 나는 이 동영상이 멘트의 중요성을 더 일깨워주었다고 생각한다.

멘트의 힘이란 바로 이런 것이다. 말 한마디로 사람의 마음을 움직이는 것. 영업자들은 흔히 이런 착각을 한다.

'에이, 멘트야 지금까지 쭉 해오던 건데, 그게 무슨 문제가 있겠어? 더 새롭고 대단한 마케팅이 필요한 거지.'

착각하지 말자. 아무리 새롭고 대단한 마케팅 방법이라도 고객이 대화에 응해 주어야 세일즈 클로징이 가능하다. 멘트가 후지면 고객을 만난다고 하더라도 클로징이 불가능하다. 고객의 마음을 여는 것도, 그리고 클로징도 모두 멘트에 달려 있다.

전 세계에서 100만 명이 넘는 세일즈맨을 교육시킨 세계적인 세일즈 컨설턴트 브라이언 트레이시Brian Tracy는 세일즈로 성과를 내려면 클로징 멘트를 제대로 하라고 한다. 고객에게 단순히 상품 설명만 하고 말 것인지, 제대로 계약을 성사시킬 것인지는 거창한 마케팅 방법론에 달려 있는 것이 아니라 바로 여러분이 날리는 멘트가 결정한다.

무심코 고객에게 내뱉었던 멘트 하나만 제대로 바꾸어도 매출이 달라진다. 그 매출 곡선이 얼마나 가파르게 올라갈지, 몇 배로 성장할지는 아무도 모른다. 매출을 바꾸고 싶다면 멘트부터 바꾸어라.

듣고 대화하라

말을 잘하는 사람은 세상에 많다. 사람들은 말을 매우 중요시한다. 말은 다른 사람에게 나의 생각을 나타낼 수 있는 가장 효과적이면서 손쉬운 수단이다. '말은 권력이다.'라고 할 정도로 사람들은 말을 잘하고 싶어 한다. 도처에 스피치 학원이 들어서 있는 것만 봐도 사람들이 얼마나 말을 중요시하는지 짐작할 수 있다. 하지만 정작 지금 우리에게 필요한 건 스피치 학원이 아니라 듣기를 가르치는 학원이다. 사람들은 자기 말을 하는 데만 신경이 팔려 다른 사람이 하는 말은 잘 들으려고 하지 않는다. 대화를 하는 게 아니라 만담을 하는 것처럼 혼자서 떠드는 데 열중한다.

김치 냉장고 기능까지 겸한 냉장고를 구입하기 위해 가족들과 대형 마트를 방문했다. 가전제품 코너에 들어서자 언제나 그렇듯이 직원들이 친절하게 인사를 하며 다가왔다. 무엇을 보러 왔느냐는 물음에 냉장고가 필요하다고 대답했고, 잠시 후 담당자가 배정되어 우리를 안내했다.

"특별히 찾으시는 제품 있으세요?"

"아니요, 일단 좀 둘러보려고요."

그때부터였다. 우리가 가는 곳, 우리의 시선이 머무는 제품마다 담당자의 폭풍 같은 설명이 쏟아지기 시작한다. 어찌나 제품마다 그렇게 좋은 기능이 많은지, 이 제품은 이래서 좋고 저 제품은 저래서 좋고 이건 행사하는 제품인데 두 번 다시는 이런 할인은 없을 거라며 망설이면 품절되니 얼른 사라고 부추겼다.

'아! 이 친절과 폭풍 설명 정말 부담스럽다.'

대부분의 영업 방식이 이렇다. 고객을 만나면 직원들은 폭풍 같은 설명을 쏟아낸다. 같은 영업인으로서 담당자의 열정과 노력은 알겠으나 오히려 이것이 듣는 사람을 부담스럽게 했다. 가족들과 한참을 둘러보았지만 구매하고 싶은 마음이 들지 않았고, 결국 온라인에서 냉장고를 구입하게 되었다. 그 담당자는 우리가 돌아간 후에 이렇게 생각했을지 모른다.

'저 사람들은 원래 살 생각이 없었어!'

본인이 무엇을 잘못하고 있는지는 전혀 반성하지 않는 것이다. 나는 이런 영업인들에게 묻고 싶다.

'도대체 왜 그런 식으로 영업을 하느냐고! 도대체 왜?'

그런 식으로 일방적으로 말하고 싶으면 집에 가서 혼자 떠드는 게 낫다. 그 누구도 낯선 이의 재미없는 말을 주구장창 들어줄 이유도 생각도 없다. 영업자는 고객에게 질문으로 시작해서 질문으로 대화를 끝내도록 해야 한다. 그럼에도 초보 영업자들은 고객에게 제대로 된 질문을 하지 않는다. 지금이 아니면 절대 팔 수 없을 것처럼, 마치 먹이를 발견한 맹수처럼 맹렬한 기세로 돌진한다.

내가 냉장고를 사러 왔는데 담당 직원은 가장 핵심 질문인 '왜 내가 냉장고를 사러 왔는지'에 대해 물어보질 않았다. 어떤 고객이 가족들을 데리고 갈 곳이 없고 시간이 남아돌아서 가전 마트를 방문하겠는가! 핵심을 묻질 않으니 고객이 원하는 답을 찾아낼 수도 없는 것이다.

문제를 제대로 알아야 답이 나온다. 내가 냉장고를 사러 갔다면 이유가 있어서 사러 간 것이다. 집에 있는 냉장고가 좁아서 더 큰 걸로 바꾸려고, 아니면 부모님에게 선물하고 싶어서, 전기요금이 적게 나오는 것으로, 방안에 놓을 작은 냉장고를 하나 더 사려고 등등 무슨 이유라도 있을 것이다. 그런데 고객에게 이유를 물을 생각조차 하지 않으니 답을 얻을 리 만무하다.

안타깝게도 내가 지금까지 뭔가를 사려고 만나 본 많은 영업자들이 이와 같은 실수를 했다. 아파트를 분양받기 위해 상담사를 만났을 때, 보험에 가입하기 위해 설계사를 만났을 때, 자동차를 사기 위해 딜러를 만났을 때도 모두 비슷했다. 내가 왜 그 물건을 사려고 하는지, 어떤 문제가 있어서 왔는지 제대로 물어보는 사람이 없었다. 하나같이 지금 자신이 파는 상품이 얼마나 좋은지, 그 물건을 사면 내가 얼마나 큰 혜택을 보게 될지에 대해서만 열심히 설명했다. 정작 가장 중요한 고객의 이야기는 묻지도 들어 보려고도 하지 않았다.

영업자라면 고객의 말에 귀를 기울이는 것이 중요하다는 사실은 알고 있을 것이다. 하지만 고객의 말은 고객의 입을 열어야 들을 수 있고, 고객의 입은 고객의 마음을 열어야 들을 수 있다. 마음을 열지 못하니 고객의 입은 꾹 다문 채로 있고, 그러니 고객이 하는 말은 영영 들을 기회가 없어지는 것이다.

고객의 마음을 열고 싶은가? 고객의 말에 귀를 기울이고 싶은가? 그럼 고객이 먼저 말하게 하라. 고객 스스로 자신의 욕망과 니즈를 말하게 하라. 그리고 고객의 말 속에서 답을 찾아라. 고객의 말을 끌어내지 못하는 것은 영업자들의 가장 큰 실수이자 문제이다. 1%의 영업자는 일방적인 자신의 말로 고객을 설득하는 것이 아니라 대화를 통해 고객 스스로 답을 말하게 한다.

고객이 하고 싶은 말을 들어 준다

나는 말을 잘하지 못한다. 낯가림도 매우 심하다. 하지만 영업성과에 있어서는 대한민국 상위 0.1%라고 자부한다. 고객에게 내 말을 하기보다 고객이 하는 말을 들으려고 하기 때문이다. 그리고 항상 고객에게 좋은 질문을 던지고 그들이 하는 말에 반응해 준다. 사람들은 나의 화법을 매우 궁금해 한다.

"창업한 지 얼마나 되셨죠?"

"한 5년 되었죠."

"아! 5년이나 되셨구나, 보통 3년에서 5년 사이가 가장 힘들다고 하던데 잘 운영하고 계시니 대단하시네요. 그럼 요새 매출은 얼마나 나오세요?"

"한 20억 되죠."

"20억이요? 이 불경기에 매출 좋으신데요, 매출 20억 하려면 직원들도 꽤 많으시겠어요, 직원은 한 열 분 되시나요?"

"에이, 열 명 가지고 안 되죠. 열다섯 명 정도 됩니다. 열 명 가지고 할 수 있으면 너무 좋죠. 요새 경기도 어려운데 인건비 때문에 죽겠어요, 4대 보험료도 너무 많이 나가고."

"4대 보험료 얼마나 나오시는데요? 4대 보험료를 좀 절감할 수 있게 해드려야겠네요."

나는 고객에게 질문하면서 그들이 하는 말에 열심히 맞장구를 친다. 고객의 답변을 그대로 따라하면서 그 답변에 꼬리에 꼬리를 물고 다른 질문으로 자연스럽게 대화를 이어가는 것이다. 바로 백트래킹backtracking 기법이다. 이 기법을 사용하면 결과적으로 고객이 영업자의 말에 반론할 기회를 잡기 어렵게 된다. 상대가 자신의 말을 따라하기 때문에 반론해야겠다는 비판적 사고를 하기 어렵다. 또한 짧은 시간이지만 상대방이 자신에게 깊이 공감하고 있다는 느낌을 받기 때문에 쉽게 신뢰를 쌓을 수 있다. 고객은 자신의 이야기를 하는 것에 익숙해지고, 나중에는 영업자가 시시콜콜 묻지 않아도 계속해서 자신의 사정과 문제점에 대해서 이야기한다. 이때 영업자는 의외로 많은 고객들이 마음속에 원하는 답을 미리 정해 놓고 있다는 사실을 알게 된다.

고객은 생각보다 하고 싶은 이야기가 많은데 영업자에게 모두 털어놓지 않는 것뿐이다. 마음의 문을 닫고 있기 때문이다. 생각해 보라. 어느 누가 처음 만난 사람에게 자신의 이야기를 솔직하게 꺼내 놓겠는가? 게다가 자신에게 물건을 팔아먹을 사람한테 말이다. 이때 영업자가 고객이 자연스럽게 자신의 이야기를 하도록 질문하고, 그 질문이 고객이 원하는 답을 찾아내는 좋은 질문이라면 얼마든지 고객을 유도해 계약을 할 수 있다. 이 질문 화법을 사용할 때 주의해야 할 점이 하나 있다.

'이름은? 직업은? 나이는?'과 같은 식으로 고객이 심문을 받는다는 느낌이 들게 해서는 절대로 안 된다. 가능한 한 자연스럽고 편안한 대화가 이어지도록 하는 것이 중요하다.

'세상은 질문하는 자의 것이고, 답변만 하다가는 질문하는 사람의 뜻대로 살게 된다.'는 말이 있다. 나는 이 말이 영업자에게도 적용된다고 생각한다. 영업자로 성공하고 싶다면 고객에게 질문하라. 좋은 질문이 좋은 답변을 만든다. 그렇게 하다 보면 여러분도 상위 1퍼센트의 영업자가 될 수 있다.

3

육아 대화법을 활용하라

여러 영업 조직을 거치면서 참 신기하다고 생각한 일이 있다. 보험, 캐피탈, 카드, 정수기 등 어떤 조직을 가더라도 항상 실적 상위 클래스에는 남자보다 여성이 차지하는 비율이 높다는 사실이다. 그리고 그 상위 클래스의 여자 영업자들은 대부분 아이를 키우면서 일하는 워킹맘들이다.

워킹맘은 육아 때문에 남자들보다 온전히 회사 일에만 집중하기가 쉽지 않은데도 불구하고 초인적인 능력을 발휘했다. 정말 대단한 일이다. 이들은 일과 육아 모두를 훌륭하게 해내고 있었다. 현장을 누비고 있는 워킹맘들에게 무한한 존경을 표한다.

흔히들 이런 현상을 남자들은 기분 내키는 대로 행동하고, 술 마시고 노는 거 좋아해서, 혹은 끈기가 부족해서 그럴 것이라고 생각했다. 하지만 이제는 이런 인식이 많이 달라졌다. 나는 영업은 남성보다 여성에게 더 최적화되어 있는 직업이라고 생각한다.

여성은 꼼꼼하고 세심한 것은 물론 남성들처럼 쉽게 흥분하거나 쉽게 가라앉지 않는다. 무엇보다 여성들의 가장 큰 강점은 고객에게 어떻게 말을 해야 하는지 본능적으로 알아낸다는 것이다. 영업에 종사하는 남성들의 능력을 깎아내리려는 게 아니라, 여성의 뛰어난 능력을 눈여겨 보자는 뜻에서 하는 말이다.

고객은 본질적으로 어린아이와 비슷한 면을 갖고 있다. 불만을 잘 드러내고, 자기가 듣고 싶은 말만 듣고 기억하려는 경향이 강하다. 주의사항을 충분히 설명해 주었는데도 돌아서면 그런 말을 들은 적이 없다고 불평한다. 영업자 입장에서는 기가 막힐 때가 많다. 이런 경우에는 냉정하게 의사소통을 하기가 정말 쉽지 않다.

만약 어른과 아이가 대화를 나눈다면 누가 누구에게 눈높이를 맞춰 주어야 할까? 당연히 어른이 아이의 눈높이에 맞춘다. 어른이 아이의 눈높이에 맞춰서 이야기하고, 이해도 시켜주어야 한다. 그런 점에서 고객은 어린아이와 통하는 점이 있다는 것이다. 그런데 남성들은 아이들과 소통하는 방법이 서투르다. 본능적으로 그렇다. 남성의 경우 육아나 아이들과의 소통을 제대로 하려면 정말 많이 배워야 한다. 하지만 여성, 특히 엄마는 아이와의 소통을 어떻게 해야 하는지 본능적으로 안다. 이런 점이 바로 여성의 영업 능력이 남자들보다 뛰어날 수 있는 원동력이 된다.

고객의 눈높이에 맞춘 대화법

나는 세 아이를 키우는 아빠로서 육아에 관심이 참 많다. 아이들과의 대화와 소통에 대해서 특히 더 그렇다. 그래서 틈틈이 시간이 날 때마다 육아에 관한 책을 읽고, 필요한 정보를 주의 깊게 공부한다. 첫째 아이는 고집이 보통 센 게 아니다. 자기가 한 번 하겠다고 생각한 것은 어떻게든 하려고 안달이다. 울고불고 떼쓰고 난리도 아니다. 그래서 아이를 설득하는 방법에 대해 공부하다가 아주 흥미로운 사실을 발견하게 되었다. 아이를 설득하는 방법이 결국 어른을 설득하는 방법과 같다는 사실이다.

내가 아이와 소통하는 데 꼭 필요하다고 생각되어서 적어놓은 10가지 방법을 소개한다.

1. 아이의 눈을 맞추며 이야기를 들어준다.

2. 아이의 마음을 읽고 이해한다.

3. 아이가 진정되고 나면 부모가 감당해야 할 불편함을 솔직하게 말한다.

4. 아이에게 양자택일의 선택권을 준다.

5. 공손한 화법으로 말하지 않는다.

6. 표정과 몸짓으로 말한다.

7. 왜 그래야 하는지 이유를 알기 쉽게 설명해 준다.

8. 안 되는 것은 단호하게 안 된다고 말한다.

9. 잠시 생각할 시간을 준다.

10. 아이가 분명히 알아듣도록 생생하게 말해 준다.

이 10가지 방법을 보면 여러분은 어떤 생각이 드는가? 아이를 설득하는 방식이 세일즈맨이 고객을 설득하는 방법과 너무 흡사하지 않은가! 이 10가지 방법만 정확하게 기억하고 실천한다면 당신은 그 어떤 누구보다 설득의 귀재로 다시 태어날 것이다. 이 말하는 방식 때문에 영업조직의 최상위에 항상 여성들이 많은 것이다. 말하고 대화하고 설득하는 방법을 아이를 키우며 본능적으로 깨우치기 때문일 것이다.

우리 직원 중에도 대학에서 유아교육학을 전공하고 와서 영업을 한 미혼 여성이 있었다. 그 직원은 어린이집에서 오랫

동안 일을 해서 그런지 선생님 말투를 썼다. 그리고 친절하고 상세하게 가르치듯이 말하고, 모든 사람들에게 아이들에게 말하듯이 대화를 한다.

처음 그 직원이 입사했을 때는 '이런 말투로 잘 할 수 있을까?'라는 의심을 했다. 하지만 그 여성은 우리 조직에서 항상 제일 좋은 실적을 만들어냈다. 옆에서 지켜보니 고객에게도 아이들에게 하듯이 똑같은 말투로 했다. '이건 이렇게 하시면 되요, 이건 이렇게 하고…'

옆에서 보는 나는 너무 신기하고 웃음이 나왔지만 고객들은 한결같이 '좋다'는 반응을 보였다. 그러니 계약도 쉽게 쉽게 마무리한다.

말을 잘하고 싶고 누군가를 설득하고 싶다면 이 10가지 방법을 기억하고 실천해 보라. 고객들은 어린아이가 되어 당신의 이야기를 따를 것이다.

4

마무리 한 방,
킬링 멘트를 날려라!

나의 아홉수는 정말 너무나 지독했다. 청년 사업가로 잘 나
가다 갑자기 부도를 맞게 되었고, 전혀 생각지도 못한 생소한
일을 하게 되었다. 휴대폰 회사에 입사해 휴대폰 판매사 일을
하게 된 것이다. 휴대폰에는 관심도 없던 심각한 기계치가 휴
대폰을 판매하게 되었다. 그나마 천만다행인 것은 몸이 기억
하는 세일즈 화법 덕분에 입사한 지 한 달 만에 전국 체인의
휴대폰 회사에서 2등을 할 수 있었다. 둘째 달부터는 계속 1
등을 차지했다. 2등과의 판매 대수 차이를 20퍼센트 이상 벌
리며 압도적인 1등을 고수했다. 그러다 보니 회사의 모든 직
원과 상사, 회사 대표까지 나의 판매 비법을 궁금해했다. 지

인 판매도 하지 않는 신입 직원 혼자서는 도저히 불가능한 양을 판매했기 때문이다.

내가 다른 직원들이 불가능하다고 생각하는 수준의 판매량을 올릴 수 있었던 가장 큰 비결은 의외로 단순하다. 한 명의 손님에게 여러 대를 판매하는 것이다. 손님 한 명에게 어떻게 여러 대를 판매 하느냐고? 바로 함께 따라온 사람들을 공략하는 것이다.

특히 내게 있어서 가장 중요한 VVIP 고객은 아이들과 함께 방문하는 부모님들이었다. 휴대폰 한 대를 판매하면 기존의 기기에서 새 기계로 사진이랑 전화번호를 옮겨주고 개통하기까지 제법 오랜 시간이 걸린다. 이때 다른 영업자들은 보통 다른 업무에 집중하거나 다른 고객을 응대한다. 그러나 나는 그들에게 더 집중했다. 물론 혼자서 온 고객에게는 이렇게 말할 것이다. "고객님, 한 시간 정도 걸릴 것 같아요, 기다리기 지루하실 테니 근처 구경도 좀 하시고 볼일 있으면 보고 한 시간 후에 오시면 됩니다."

하지만 자녀들과 함께 방문한 고객에게는 이런 식으로 달리 말했다.

"고객님, 기다리시는 동안 자녀분들 휴대폰 필름 교체해 드릴게요, 다 주세요."

그렇게 핸드폰을 다 걷고 나면 참 신기하게도 그 중 꼭 한

명은 크든 작든 액정이 파손되어 있다. 어린 친구들일수록 휴대폰을 험하게 쓰기 때문이다. OK! 그러면 이때부터 나의 두 번째 영업은 시작된다.

"어머님, 얘기 휴대폰 어쩌다 이렇게 깨졌어요?"

"어휴, 말도 마, 쟤는 지 물건 아낄 줄 모르고 항상 저렇게 깨뜨려. 절대 안 바꿔줄 거니까 말도 꺼내지 마."

나의 말을 툭 잘라 버린다. 그때 이렇게 멘트를 날린다.

"어머님, 근데 어머님은 집에서 브라운관 깨진 텔레비전으로 드라마 보세요."

"아니, 그런 집이 어디 있어요."

"어머님, 애들이 휴대폰 많이 봐요? TV 많이 봐요? 애들 하루 종일 휴대폰 쳐다보는 거 아시죠, 이거 이렇게 두면 애들 눈 다 버려요. 이건 진짜 심각한 건데…"

고객에게 혜택이 돌아가도록 한다

이렇게 말하는 순간, 고객들의 마음은 벌써 움직이기 시작한다. 닫힌 마음의 문을 그 말 한방으로 날려 보내 버리는 것이다. 집에서 깨진 액정으로 텔레비전을 보는 사람은 없다. 아주 상식적인 예시와 자녀들에 대한 부모님의 사랑을 공략해 닫혀 있는 마음의 문을 여는 것이다.

"그럼, 공짜 폰 있으면 한 번 보여줘 봐요."

"걱정하지 마세요. 이미 한 대 구입하셨으니까 특별히 더 싸게 해드릴게요. 아, 그리고 비록 액정은 깨졌지만 쓰던 휴대폰도 좋은 가격에 처분해서 손해 보시는 거 하나도 없게 만들어 드릴게요. 그리고 다시는 안 깨지도록 방탄 필름이랑 케이스도 제일 튼튼한 놈으로 해드릴게요."

이렇게 고객에게 어떤 혜택을 줄 건지까지 설명하고 나면 판매는 무조건 이루어진다. 내가 제시한 조건과 상관없이 고객의 마음은 이미 결정되었기 때문이다. 그리고 한 가지 더 재미있는 사실은 이렇게 한 명만 추가로 판매하게 되면 함께 온 다른 가족까지 따라 나선다는 것이다.

"엄마, 나는?"

"여보, 이 집 괜찮네, 그냥 하는 김에 다 하자."

자연스럽게 연쇄반응이 일어나고 특별한 사정이 없는 한 함께 방문한 가족들 모두 휴대폰을 교체하게 된다. 이런 식으로 하니 다른 판매자들에 비해 압도적으로 판매량이 높을 수밖에 없다. 고객이 거부할 수 없는 상식을 건드리며 영업을 하기 때문이다.

나는 화법을 공부할 때 홈쇼핑이 가장 좋은 교본이라고 말한다. 홈쇼핑에는 이런 강력한 멘트가 많이 나온다. 쇼 호스트들은 고객이 거부할 수 없는 상식을 수시로 건드린다. 이런 식이다.

"지금 당신의 사랑하는 부모님에게 한 달 3만 원 투자하는 것이 아까우신가요? 부모님에게 행복한 미래를 선물하세요."

"사랑하는 가족을 위해 한 달에 1만 원 투자하는 것이 돈을 낭비하는 것일까요? 이 녹즙기로 사랑하는 가족에게 건강을 선물하세요."

지금까지 자기를 키워준 부모님을 위해 한 달에 3만 원 쓰는 것을 아깝다고 할 사람은 드물다. 가족의 건강을 위해 한 달에 1만 원 쓰는 것이 아깝다고 말할 사람도 없을 것이다. 쇼 호스트는 이런 식으로 고객이 거부할 수 없는 상식을 자극하며 판매를 완성한다. 고객의 익숙하고 당연한 것을 자극하여 빠르게 구매 결정을 내리도록 만드는 것이다.

고객이 절대로 거부할 수 없는 한마디를 준비하라. 대화가 마무리되어 갈 때쯤, 고객이 거부할 수 없고 받아들일 수밖에 없는 킬링 멘트를 날린다. 당신의 그 강력한 한마디에 고객은 닫힌 마음의 문을 활짝 열 것이다.

킬링 멘트는 영업의 가장 완벽한 클로징이다.

자기확신으로 무장하라

컨설팅을 받으러 온 영업사원이 한 명 있었다. 훤칠한 키에 좋은 외모, 호감 가는 첫인상을 가진 친구였다.

"대장님, 안녕하십니까, 뵙게 되어 영광입니다."

씩씩한 말투, 특별히 흠잡을 곳은 없었다. 고민거리 다섯 가지를 적으라는 나의 요구에 그 친구는 이렇게 적었다.

'내가 파는 상품에 자신이 없다, 클로징이 약하다.'

"왜 본인이 파는 상품에 자신이 없죠?"

"예전에는 금리가 몇 프로였는데 지금은 금리가 낮아지다 보니 고객들에게 권하지를 못하겠어요.."

"그럼, 일 그만 둬야죠."

내가 내려 준 답이었다. 자신이 파는 상품에 확신이 없으니 클로징이 제대로 될 리 만무하다. 당연한 것이다. 세일즈맨이 자신이 파는 상품에 확신이 없다? 그럼 일을 그만 두는 것이 정답이다. 정작 판매 당사자인 본인이 스스로를 설득하지 못하는데 다른 고객을 어떻게 설득할 수 있겠는가! 생각보다 이런 고민을 토로하는 세일즈맨이 많다. 해답은 간단하다. 일을 그만두거나, 아니면 스스로를 설득시킬 수 있도록 노력하는 것이다. 마음속에 한 치의 의심과 불안도 없어야 그 상품을 남에게 권할 수 있다.

우리는 성인이다. 누구도 우리에게 어떤 일을 강요하지 않는다. 모든 것을 본인이 선택하고 책임지는 것이다. 자신이 파는 상품에 대해 확신이 없는데 무엇하려고 그 일을 계속하고 있는가? 그건 고객에게도 그리고 당사자에게도 너무나 힘들고 괴로운 일이다. 세일즈맨이 상품에 대해 아무리 불평하고 왈가불가 해봐야 회사에서 그 상품을 바꿔주지 않는다. 고객에게 도움이 될 수 없다고 생각하는 상품은 팔지 않으면 된다. 그것이 세일즈맨의 원칙이다. 그래서 스스로를 설득할 수 없다면 그만 두는 것이 답이라고 한 것이다.

설득하는 주체인 세일즈맨의 말에 강력한 힘과 확신이 실려 있지 않다면 어떤 상품도 팔 수 없다. 예전에 휴대폰을 판매하며 신기한 사실을 하나 알게 되었다. 당시 보통 수준의 휴대폰 판매점에서는 아이폰을 팔지 못한다는 사실이다. 지금도 그렇지만 그때도 많은 사람들이 아이폰에 열광했다. 국내 통신시장의 아이폰 점유율이 30퍼센트에 육박할 때였으니 엄청난 판매량이었다. 하지만 휴대폰 판매점에서는 아이폰을 판매할 수 없었다. 정확히 말하면 판매를 못하는 게 아니라 안 하는 것이었다. 국내 휴대폰을 팔면 30만 원이 남는다면 아이폰을 팔면 단 돈 만 원이 남았다. 그러니까 회사에서 아이폰 판매를 금지했고 판매자들에게 수당도 지급하지 않았다. 아이폰을 팔면 월급에서 아이폰을 판매한 만큼 금액을 차감하는 정책까지 쓰고 있었다. 회사와 판매자에게 아이폰 마니아들은 가장 골치 아픈 손님이었고, 어찌 보면 아이폰은 가장 큰 적이었다.

스스로
긍정 최면을 건다

그런데 판매자들 중에도 아이폰 마니아들이 꽤 많았다. 이들은 '휴대폰은 아이폰이지, 국산 폰 어떻게 쓰나! 국산 폰 쓰는 사람들은 바보지.' 이런 생각을 하면서 정작 고객들에게는 국산 폰을 권하는 것이었다. 회사의 정책 때문에 어쩔 수 없는 노릇이었다. 이들의 판매량이 좋았을까? 어림없는 소리였다. 이들의 실적은 항상 바닥을 맴돈다. 이들은 기껏해야 중상위권이지 결코 최고가 되지 못한다. 그러면서도 이들은 실적 부진의 원인을 다른 데서 찾는다. 요새 휴대폰 경기가 안 좋아, 요새 정책이 안 좋아, 경쟁업체가 너무 많아, 상담 스킬이 부족해 등등.

이들은 갖은 핑계로 스스로를 변호한다. 하지만 그건 말도 안 되는 이야기다. 휴대폰을 판매할 때 나는 내가 가장 주력으로 판매하려고 하는 제품을 바로 구입했다. 그리고 그 제품이 최고라는 확신을 갖기 위해 직접 사용해 보며 장단점을 파악했다. 다른 휴대폰보다 좋은 점을 하나라도 더 찾아내기 위해 노력하는 것이다. 그렇게 해서 나는 그 제품이 최고라는 확신을 가졌다. 그리고 주구장창 그 제품만 판매했다. 내가 쓰는 것을 고객들에게 확인시켜 주고, 내가 그 제품을 쓰는 이유를 설명해 주었다.

자신은 국산 폰을 쓰지도 않고 별로라고 이야기하면서 판매를 위해 마지못해 거짓을 말하는 판매자의 말과 스스로 확신을 가지고 일하는 판매자의 말은 고객들에게 전달되는 힘이 다르다. 나의 말은 고객의 마음속으로 들어가지만 마지못해 하는 판매자의 말은 공중에 흩어진다.

강력한 힘과 확신 없이 뱉어내는 영업자의 말은 소음에 불과하다.

나는 매일 아침 거울을 보며 스스로에게 말한다.

'나는 최고다. 나는 최고다. 나는 최고다. 오늘도 멋진 일이 일어난다. 오늘도 멋진 일이 일어난다. 나의 영향력으로 수강생들을 성공자로 만든다. 나는 할 수 있다.'

다른 사람들을 가르치는 내가 조금이라도 자신을 의심한다면 나는 누구에게도 뭔가를 전달하거나 가르칠 수 없다. 정말 매일 대한민국 최고가 되기 위해 공부하고 노력하면서 스스로를 최고라고 믿는다.

누군가를 설득하기 위해서는 물론 대화의 스킬도 매우 중요하다. 하지만 설득에 있어서 스킬보다 더 중요한 것은 본인 마음속에 강력한 확신과 믿음이 자리하는 것이다. 힘없이 뱉어내는 말은 소음이 되어 공중에 흩어질 뿐이다. 영업자에게 있어서 가장 먼저 설득해야 할 첫 번째 고객은 타인이 아닌 바로 자기 자신이다. 마음속에 단 한 치의 의심과 불안도 없이 완벽하게 스스로를 설득시키도록 하라. 그리고 확신에 찬 강력한 말로 고객을 설득시켜라. 영업자에게 언제나 가장 첫 번째 고객은 바로 자기 자신이어야 한다.

대중 스피치 편

김주연

한국프로강사코칭협회, 올댓 스피치를 운영하며 100명 넘는 아나운서, 쇼 호스트, 승무원, 프로강사들을 배출한 스피치 코치이자 프로강사 코치. 리포터, 방송 MC 로 활동했으며, 기업과 대학, 단체에서 말하기 강의를 1000회 넘게 진행. 네이버 카페 '김씨부와 함께하는 말공부방'을 운영하며 스피치 코칭도 진행하고 있다. 저 서 『청중을 사로잡는 말하기 기술』

5장

청중의 마음에 닿는
대중 스피치

☆

대중 스피치
+ 김주연 +

1. 누구나 떨린다. 하지만 떨린다고 말을 못하는 것은 아니다

2. 안다고 착각하기 때문에 말을 못한다

3. 말문과 글문이 트이는 글쓰기 3단계

4. 글을 말로 바꾸는 초 간단 스피치 설계도

5. 멋있게 NO! 쉽게 YES!!.

6. 기대 이상의 효과, 낭독

누구나 떨린다. 하지만 떨린다고
말을 못하는 것은 아니다

방송 리포터와 MC, 그리고 스피치 강사로 10년 넘게 일하고 있지만 나는 지금도 대중 앞에 서면 미친 듯이 떨린다. 더솔직히 말하면 대중 앞에 서기 몇 시간 전부터 긴장되고 너무 떨려서 밥도 제대로 안 넘어 간다. 배가 살살 아파서 화장실을 몇 번이고 들락거릴 때도 있다. 수명을 단축시킬 것 같은이 극도의 긴장감은 강의를 시작하고 5분쯤 지나면서부터 조금씩 사라진다. 가수 인순이도 무대에 오르기 전에는 너무 긴장이 된다고 인터뷰에서 말하는 것을 본 적이 있는데, 그 말이 내게는 큰 힘이 됐다.

'저렇게 큰 무대에 수없이 많이 오른 사람도 떨리는구나.

그러니 나야 말할 것도 없지. 떨리는 게 당연한 거야.'

이렇게 생각하니 마음이 조금 편해졌다. 그리고 떨린다고 말을 못하는 것은 절대 아니다. 가수 인순이를 보라. 떨린다고 말하는 그녀의 무대가 얼마나 멋있는가.

대중 스피치를 잘하고 싶다면 우선 두려움에 대한 생각부터 바꿔야 한다. 떨리는 걸 당연하게 받아들이는 것에서부터 시작하는 것이다. 그리고 '왜 이렇게 떨리지? 너무 떨려서 아무 말도 못할 것 같아. 큰일 났어.'라는 생각에 빠지지 말고, 대중 앞에서 해야 할 내용에 대해 생각을 집중해 보도록 한다. 인사말은 뭐라고 하고 표정은 어떻게 지을 것인지, 시작하는 말은 시선을 어느 방향으로 두고 할 것인가 등을 하나씩 짚어보는 것이다.

물론 발표할 내용에 집중한다고 해서 방망이 치는 심장이 쉽게 진정되지는 않는다. 복식호흡을 하면 불안감을 떨치는데 도움이 된다고 하는 사람들도 있지만 복식호흡에 어느 정도 익숙한 나도 큰 효과를 보지는 못했다. 그래도 복식호흡을 하면 긴장감으로 머릿속이 하얘져서 발표를 망칠 확률은 어느 정도 줄일 수 있을 것이다.

대중 스피치에 대해 바꿔야 할 생각은 이밖에 또 있다. 대중 스피치는 타고난 재능이 있는 사람만이 잘할 것이라고 생각하는 이들이 의외로 많다. 하지만 이것 역시 잘못된 생각이다! 나는 아나운서나 쇼 호스트 지망생을 훈련시켜서 실무 현장에 진출시킨 경험을 바탕으로 이런 확신을 갖게 되었다. 스피치는 훈련을 통해서 누구나 잘할 수 있다고! 사실 방송인이 되겠다는 꿈을 안고 찾아오는 젊은 친구들의 모습을 보면 방송인의 자질과는 거리가 멀게 느껴지는 경우가 많다. 힘이 잔뜩 들어간 목소리, 어색하게 꾸며서 내는 목소리, 어눌하거나 아이 같은 말투, 어색한 제스처, 그리고 자신이 무슨 말을 하고 있는지조차 모르고 중얼거리는 스피치 내용들…

이런 친구들이 짧게는 몇 개월에서부터 길게는 몇 년의 훈련을 통해 실력을 쌓아 방송에 진출한다. 심지어 현재 활발하게 활동하고 있는 방송인 제자 중에는 '이 아이는 절대 방송은 못하겠다.' 라는 생각이 들 정도로 악조건을 가지고 있던 경우도 꽤 있다.

지금은 유명 홈쇼핑에서 간판 쇼 호스트로 활동 중인 제자가 있다. 처음 그 친구를 코칭할 때 나는 겉으로 내색은 안했지만 마음속으로 부정적인 평가를 내리고 있었다. 헬스 트레이너였던 그는 지나친 근력운동으로 성대를 둘러싼 근육의 손상 정도가 심했다. 목소리가 답답하게 나왔고, 듣기에 거북한 목소리였다. 발음 습관도 좋지 않아서 웅얼거리는 느낌을 주었다. 말주변이 없고 표현력도 부족해서 청중의 관심을 얻기 힘들었다. 한마디로 모든 자질이 '부적합'이었다.

스피치는 노력하면
얼마든지 잘할 수 있다

그런데 정확히 한 달 후! 그는 완전히 달라진 사람이 되어서 카메라 앞에 섰다. 목소리와 발음이 좋아지고 말의 구성력도 탄탄해진 것이다. 그렇게 단시일에 좋아지려면 얼마나 많은 노력을 했을지 짐작이 됐다. 그 노력을 생각하자 나도 모르게 울컥했다. 변화를 맛 본 그는 신이 나서 훈련을 이어갔고, 몇 달 뒤 엄청난 경쟁률을 뚫고 롯데홈쇼핑 공채 쇼 호스트에 합격했다. 운동으로 다져진 몸매 덕분에 주로 패션 상품을 소개하며 고객을 쥐락펴락하는 그를 보며 나는 확신한다. 스피치는 누구나 훈련을 통해 잘할 수 있다고 말이다.

"타고난 목소리가 안 좋아요."
"발음이 잘 안돼요."
"사람들 앞에만 서면 너무 긴장돼요."
"저는 경력도 없는데 방송을 할 수 있을까요?"
"경력단절인 제가 어떻게 프로강사가 돼요."
"사회를 아무나 보나요? 저는 못해요."
"나는 말주변이 없어서… 이대리가 대신 발표하지."

이렇듯 많은 사람들이 대중 스피치에 대한 잘못된 두려움 때문에 자신을 알릴 수 있는 멋진 기회를 스스로 차 버린다. 성공적인 스피치를 단 한 번만 해도 자신을 브랜딩 할 수 있다. 이런 중요한 사실을 모르는지, 알면서도 지레 포기하는 것인지는 모르겠지만 그런 사람들을 보면 너무 안타깝다. 스피치는 수영을 배우는 것과 비슷한 면이 있다. 처음에 물에 뜨지도 못하는 사람이 한 달 정도 꾸준히 배우고 익히면 수영을 할 수 있게 되고, 좀 더 지나면 수영을 즐기게 된다. 그렇듯 배우고 익히면 누구나 잘할 수 있는 것이 스피치이다.

지금 당장 자신만의 벼랑 끝 목표를 만들어 보도록 하자. 프레젠테이션, 발표, 사회, 면접, 하다못해 건배사와 같은 목표를 세워놓고 스피치 공부를 시작하는 것이다.

스피치는 노력하면 얼마든지 잘할 수 있다!

2
안다고 착각하기 때문에
말을 못한다

방송 MC로 오래 활동했고, 많은 사람들에게 스피치 훈련을 시키는 나는 과연 말을 잘하는가? 솔직히 말해 잘할 때도 있고 못할 때도 있다. 말실수를 해서 망신 당한 적도 있다. 직업상 이런저런 모임에서 자기소개를 하거나 간단한 스피치를 할 기회가 잦다. 스피치 강사라는 직업 때문에 이런 스피치 자리가 더 부담스러운 것도 사실이다. '5주 리더십 교육'에 수강생으로 참석한 적이 있는데, 여러 단체와 기관의 리더들이 함께 참여했다. 매주 수업이 시작되면 수강생들이 차례로 앞으로 나가 지난 한 주간 있었던 일을 주제로 짤막하게 1분 스피치를 했다.

처음에 나는 '1분 정도는 그냥 해도 잘할 수 있겠지.'라는 생각으로 별다른 준비 없이 수업에 참석했다. 그런데 내 순서가 다가오자 머릿속의 생각들이 뒤죽박죽 섞이면서 손에 땀이 나기 시작했다. 손바닥의 땀을 연신 바지춤에 닦아냈다. 심장이 요동치고 당황스러웠다. 내가 왜 이러지? 그동안 생방송도 무리 없이 진행했고, 사람들 앞에서 수도 없이 많은 강의를 해왔다. 수십 억 원이 넘는 입찰 PT도 당당하게 진행해 낸 일이 있다. 그런 내가 일상을 주제로 하는 1분 스피치에 이렇게 긴장을 하다니. 결과는 완전 '망신'이었다.

그 뒤로 나는 철저히 준비하고 그 수업에 들어갔다. 먼저 명확하게 주제를 정하고, 주제를 뒷받침하는 에피소드를 준비했다. 그리고 중언부언하지 않도록 스피치 설계도를 머릿속에 그린 다음 마무리 준비를 했다. 마지막으로, 캠퍼스에 자동차를 주차한 다음 준비해 온 내용을 다시 다섯 번 이상 소리 내어 연습하고 수업에 들어갔다. 그렇게 준비한 다음 1분 스피치는 어떻게 됐을까? 당연히 성공이었다.

쉬는 시간이 되면 다른 회사의 리더들이 먼저 다가와 말을 걸었다. "역시 스피치 코치라서 그런지 말씀을 잘하시네요. 나도 스피치 하는 법을 좀 배우고 싶은데 어떻게 하면 배울 수 있나요?"

이렇게 잘할 수 있는데 왜 처음에는 말도 안 되는 엉터리 스피치를 했던 것일까? 문제는 나의 '착각'이었다. 생방송이나 강의, 또는 PT와 같은 무대는 내가 내용을 완벽히 알 때까지 철저히 준비한다. 그리고 리허설을 반복적으로 진행한다. 연습을 통해 성공적인 진행이 될 것인지 몇 번이고 확인하는 것이다. 연습을 반복하면 잘할 수 있다는 자신감이 커진다. 그런데 1분 스피치에는 전혀 다른 태도로 임한 것이다. '당연히 알고 있는 나의 일상이니까 따로 준비하지 않아도 잘 해낼 수 있다.'라는 자만과 착각이 스피치를 망친 것이다.

인지심리학자 김경일 교수는 "인간의 뇌는 익숙한 것에 대해서는 안다고 착각한다. 바로 거기서 실패가 시작된다."고 말한다. 대부분의 사람들은 회의나 보고, 자기소개 등 일상에서 벌어지는 익숙한 상황에 대해 어렵지 않게 말할 수 있다고 생각한다. 하지만 막상 입을 열어서 말을 뱉어 보면 생각보다 표현이 정확하게 되지 않고, 문장이 매끄럽지 않고 중언부언하게 되는 경우가 많다.

그런 상황을 겪으면 사람들은 이렇게 오해한다. '말하는 스킬이 부족한 것 같아. 스킬을 좀 배워야겠어.' 하지만 문제는 말하는 스킬에 있는 게 아니라 내용을 잘 안다는 착각에 있다. 어떤 주제에 대해 이해하는 것과 실제 말로 표현하는 것은 분명히 다르다.

글로 써 보면
말하기가 쉬워진다

아는 내용을 말로 제대로 표현할 수 있는지 확인해 보는 좋은 방법은 글로 직접 써 보는 것이다. 글로 써 보면 해당 주제에 대한 이해를 좀 더 명확히 할 수 있다. 글로 표현해 보면 자신이 말하고자 하는 내용에 대해서 확실히 알고 있는지, 아니면 적당히 이해하는 정도의 수준에 머물고 있는지 명확하게 드러난다.

글로 쓰면 단어 하나도 고민해야 할 때가 많다. 단어뿐이 아니라 조사 하나까지 전달하고자 하는 의미에 적합한지 고민하게 된다. 짧은 스피치 훈련을 아무런 준비 없이 생각나는 대로 10번 하는 것보다 해당 주제에 대해 꼼꼼하게 글로 한번 써 보는 게 훨씬 더 효과적이다.

그래서 내가 운영하는 스피치 클래스에서는 말하기 과정에서 글쓰기 훈련도 시킨다. 글쓰기 훈련이 말하기 훈련보다 훨씬 더 강도가 세다고 할 수 있다. 수강생들에게 말하고 싶은 주제에 대해 매일 꾸준히 칼럼 형식으로 글을 쓰게 한다. 그리고 마지막 수업에서는 자신이 쓴 글을 바탕으로 강연을 하도록 한다. 이렇게 하는 것이 말하기 실력을 제대로 성장시킬 수 있는 가장 확실한 방법이다.

더 중요한 것은 이렇게 쓰고 말하는 훈련을 습관화시키는 것이다. 글을 써 보면 자신이 하고자 하는 내용에 대해 더 정확히 알 수 있다. 자신이 진짜 알고 있는 것이 무엇인지, 무엇을 말하고자 하는지 분명하게 정리가 되는 것이다. 그렇게 하면 여러분의 대중 스피치에는 자신감이 붙고 힘이 넘치게 된다.

3

말문과 글문이 트이는
글쓰기 3단계

이처럼 스피치를 잘하고 싶다면 글을 써 보는 게 좋다. 글로 제대로 나타내기 힘든 내용은 말로 표현하기도 어렵다. 말문과 글문이 트이는 글쓰기 3단계를 소개한다.

1단계 말할 재료 쌓기

첫 번째 단계는 쌓기이다. 말할 거리를 쌓는 것이다. 요리솜씨가 아무리 좋아도 재료가 없으면 솜씨를 발휘할 수 없는 것처럼 타고 난 말솜씨가 있어도 말할 거리가 없으면 말을 제대로 할 수 없다. 말할 거리가 많은 사람은 말을 잘할 뿐 아니라 표현력도 좋다. 말할 거리를 쌓는 방법에는 독서, 영화 감상을 비롯해 강연을 듣는 등 다양한 채널이 있다.

책은 말할 거리를 제공해 주는 아주 좋은 시장이다. 우리가 보고 싶고 듣고 싶은 많은 내용이 책 안에 있다. 다양한 주제의 책이 수없이 쏟아져 나오고 있다. 쉽고 재미있는 책이 얼마든지 있으니 일단 찾아서 읽도록 하자. 만화책이라도 좋다. 말할 거리를 찾는다는 생각으로 읽으면 만화책 안에도 흥미로운 메시지들을 발견할 수 있을 것이다. 좋은 문장이 눈에 들어오면 밑줄을 치고, 그 옆에 자신의 생각을 적도록 한다. 그런 의미에서 책을 깨끗하게 본다고 무조건 좋은 것은 아니다. 적극적인 독서는 여러분의 말하고 글 쓰는 실력을 놀랍게 성장시킬 것이다.

요즘은 유튜브를 통해 다양한 강연을 들을 수 있는데, 이것 역시 매우 좋은 자원이다. 유명인이 아니어도 영상을 통해 감동적인 메시지를 던지고, 자신의 노하우를 공유하는 사람들이 많아졌다. 이런 곳에서 여러분의 마음을 통째로 흔들어 놓을 스피치의 주인공을 찾아보도록 한다. 그런 사람을 찾아 그가 하는 스피치를 자주 들어보는 것이다. 남이 하는 이야기를 들으며 공감하고 깨닫고 울고 웃는다. 그런 가운데서 다른 누군가와 나누고 싶은 '말할 거리'가 쌓이게 된다.

일상도 훌륭한 '말할 거리'가 된다. 유명한 강연가들은 일상에서 귀한 콘텐츠를 찾는다. 말의 소재를 찾는 작업과 관련해

김창옥 교수는 이렇게 말한다. "뻔하다고 생각하는 일상에서 새로운 걸 발견하려고도 하죠. '저는 이렇게 하니까 힘들더라고요.' '저는 이렇게 하니까 부끄럽더라고요.' 이런 이야기들을 하는 거죠. 호텔에서 강의하면서 숙박을 제공 받은 적이 있는데, 에비앙 같은 비싼 생수나 샴푸, 샤워젤 같은 샘플들을 챙겨 나왔어요. 그러다가 어느 날은 '내가 이걸 왜 챙길까?' 싶어서 가지고 나오지 않고요. 에비앙을 먹어 보고 슈퍼에서 다시 사다 놓기도 하고, 그러면서 '나는 왜 이럴까?' 싶기도 했어요. 그런 거죠. 제가 부끄럽게 경험한 내용을 들려 드리는 거예요."

대중 스피치를 준비하는 많은 분들이 흔히 거창한 이야기 거리가 필요하다고 생각한다. 그러면서 쓸 만한 에피소드가 없다며 고민한다. 자기소개를 하는 취업준비생들도 마찬가지다. 자신의 장점을 비롯한 지원동기를 쓰는 데도 이렇다 할 에피소드가 없다며 남의 스토리를 가져다가 자신의 이야기인 양 적는다. 면접관이 취업준비생들의 비슷비슷한 자기소개를 보며 쓴웃음을 짓는 이유이다.

사실 우리 주변에 말할 거리는 넘쳐난다. 아침에 힘겹게 일어나서 출근준비를 하면서, 지하철과 버스로 이동하는 중에, 회사에서 직장 동료들과 대화하면서, 텔레비전이나 스마트폰을 보면서 등등. 우리는 수많은 생각을 한다. 이 생각들이 모두 '말할 거리'가 되고 글쓰기의 훌륭한 재료가 된다.

2단계 재료 기록하기

두 번째 단계는 기록이다. 앞에 소개한 말할 거리들을 왜 제대로 활용하지 못하는 것일까? 제대로 관찰하지 않고, 내 안에 담아두지 않기 때문이다. 소중한 재료를 그냥 흘려보내지 말고 내 안에 담아두도록 한다. 말할 거리들을 언제든지 찾아서 쓸 수 있도록 모아두는 보관함이 필요하다. 일기가 좋은 보관함 역할을 할 수 있다. 그날 있었던 일상의 이야기, 읽은 책의 내용, 공감을 일으킨 동영상 강의나 강연, 그리고 누군가와의 대화를 기록해 보자. 노트에 자신만 볼 수 있도록 기록하는 것도 좋고, SNS를 이용하는 방법도 있다.

이런 기록을 반드시 하루 일과를 마치고 쓸 필요는 없다. 생각날 때 언제든 쓰면 된다. 아침에 일어나서 쓸 수도 있고, 점심 먹고 차 한 잔 하다가, 또는 친구를 기다리는 중에 잠깐 틈을 내서 써도 좋다. 마음에 와 닿는 이야기나 생각이 떠오르면 바로 적어둔다. 시간 날 때 써야지라는 생각으로 그 순간을 흘려보내고 나면 나중에 기억이 잘 나지 않을 때가 많다. 메모 수준의 일기라도 기록을 남기는 습관이 여러분의 말하기와 글쓰기 실력을 크게 성장시켜 줄 것이다.

3단계 **글로 풀어내기**

마지막 단계는 '풀어내기'이다. 메모 정도의 일기를 소재로 삼아서 조금 긴 글을 써 보는 단계이다. 동기 없이 긴 글을 쓰기가 쉽지 않을 것이다. 벼랑 끝 전술을 추천한다. 글쓰기 프로젝트를 기획해 선포함으로써 스스로에게 글을 쓰지 않을 수 없도록 부담을 안겨 주는 것이다.

독서모임 같은 인터넷 커뮤니티의 서평 이벤트를 활용한다.
책을 읽고 자신의 블로그에 서평을 남기는 조건으로 책을 무료로 받을 수 있다. 무료로 받기 때문에 책을 읽고 다른 독자들에게 도움이 될 수 있는 정성스런 서평을 남겨야 한다. 책을 무료로 읽을 수 있고 서평을 써서 다른 사람에게 도움도 주는 일석이조의 보람을 누릴 수 있다. 그리고 무엇보다 다른 사람이 읽을 긴 글을 쓰는 힘을 키울 수 있다. 일석삼조의 효과이다.

칼럼 쓰기 프로젝트를 기획하고 공개적으로 선포한다.
'매주 1편 칼럼 쓰기'와 같은 프로젝트를 기획해서 SNS에 선포하는 것이다. 약속한 기간 안에 칼럼을 써서 자신의 블로그에 올려 본다. 처음에는 10편 정도의 목표로 프로젝트를 진행한다. 10편을 모두 완성하면 자신에게 어떤 선물을 줄지도 미리 공개한다. 누군가 나를 지켜보고 있다는 부담감 때문에 실행력이 아주 높아진다.

칼럼을 10편 정도 쓰고 나면 자신의 생각이 더 견고해지면서 글 쓰는 실력이 는다는 기분이 들 것이다. 그렇게 되면 당신의 말하는 태도가 좀 더 당당하게 될 것이다.

말문과 글문을 트이게 하는 데 반드시 필요한 것은 반복 연습이다. 그러기 위해서는 반복 연습을 하기 쉽도록 도와주는 환경설정이 중요하다. 기술은 글을 쓰면서 자연스럽게 익히게 된다. 말하기든 글쓰기든 다이어트든 필요한 기술을 익히는 데는 동기가 중요하다. 그런 동기부여에 도움이 되는 환경을 만들자는 말이다. 환경 세팅부터 하자. 그러면 성공은 반드시 뒤따라 올 것이다.

의욕은 앞서는데 막상 칼럼을 쓰려고 하면 잘 되지 않는 당신을 위한 꿀팁!

1. 남에게 보여주는 일기를 쓴다고 생각한다.

2. 10포인트 크기로 A4용지 두 장의 분량은 채운다. 다소 긴 글을 쓰는 훈련을 통해서 '글쓰기 체력'을 키운다.

3. 일단 10개의 주제부터 찾는다. 책의 목차를 만든다고 생각한다.

4. 인상 깊게 읽은 책의 목차 또는 강연 제목을 참고해도 좋다. 다른 사람이 쓴 책의 제목이나 목차를 그대로 옮겨 쓰지 않고, 단어를 바꾸거나 비슷한 표현으로 써 보는 것도 훈련이 된다.

5. 글의 주제에 맞는 다양한 사례를 찾는다. 노트나 SNS에 써둔 일기를 들춰보는 것도 좋은 방법이다. 사례는 하나의 주제에 서너 개 정도 들어가도록 한다. 글의 성격에 따라 나의 경험, 주변의 이야기, 기사, 인용, 각색, 통계 등 다양한 채널을 이용한다.

6. 형식은 신경 쓰지 않고 일단 분량만 채운다는 생각으로 시작한다. 베스트셀러 작가들도 일단은 분량을 채운다는 생각으로 글을 쓴다고 하니까 처음부터 잘 쓰려고 애쓰지 않는다. 그러다한 줄도 못 쓸 수가 있기 때문이다.

7. 쓴 글을 소리 내어 읽어 보자. 쓴 글을 소리 내어 읽어 보면 부자연스러운 문장흐름이나 표현이 눈에 띈다. 반복해서 읽고 수정해 나가다 보면 논리적인 흐름도 잡을 수 있다.

4

글을 말로 바꾸는
초간단 스피치 설계도

칼럼을 10편 정도 써 보고 나면 이제 간단한 말하기 훈련을 통해 전문 강연가 수준의 스피커로 성장할 수 있다. 자신이 쓴 글을 말로 바꾸기 위해서 필요한 일은 글자가 빼곡하게 적힌 원고를 간단한 스피치 설계도로 바꾸는 것이다. 머릿속이 하얘져서 말을 잇지 못하는 사람들의 공통점은 대부분 글자를 하나하나 외워서 말한다는 점이다. 면접을 준비하는 취업 준비생들이 가장 많이 하는 실수 역시 예상 답변을 통째로 외우는 것이다. 프레젠테이션을 망치는 가장 흔한 이유도 스크립트를 작성해서 글자 하나하나를 외우기 때문이다. 대본을 외어서 하는 축사나 기념사가 청중으로부터 호응을 얻지 못하는 것도 같은 맥락이다. 게다가 남이 써 준 대본을 그대로 보고 읽는다면 청중의 반응은 최악이 된다.

여러분도 대중 앞에서 영향력 있는 스피치를 하고 싶다면 스피치 설계도를 사진을 찍듯 머릿속에 담아 두는 연습을 하는 게 좋다. 다음의 초 간단 설계도를 활용해 보자.

신입사원의 건배사를 스피치 설계도로 준비해 보았다.

이 간단한 스피치 설계도를 바탕으로 다음과 같이 건배사를 풀어나갈 수 있다.

"제가 회사에 입사한 지도 4개월이 넘어갑니다. 처음 한 달은 정말 출근하는 일이 너무 설레었습니다. 친구들은 제가 야근하는 것도 부럽다고 하면서 만날 때마다 한턱 쏘라고 하더라고요. 저도 신나서 기꺼이 만날 때마다 쐈습니다. (하하) 그런데 3개월쯤 되니까 고비가 오더라고요. 나한테 맞는 일인가 싶기도 해서 솔직히 그만둬야 하나 심각하게 고민도 했거든요. 그런데 이런 제 마음을 아셨는지 이 팀장님이 지난 주말에 제게 문자를 보내셨습니다. 원래 이런 문자에 감동 받지 않는 성격인데 웬일인지 눈물이 날 정도로 제게 큰 힘이 되더라고요. 팀장님께 이 자리를 통해 감사의 마음을 전하고 싶습니다. 그런 의미에서 건배사는 팀장님께서 제게 주신 문자 메시지로 하겠습니다. '제가 잘나가는 사람은 시련을!' 이라고 외치면 여러분께서는 다같이 '즐긴다!'를 세 번 외쳐 주시기 바랍니다."

'기회는 널려 있다.'라는 주제로 대중 스피치를 한다면 다음과 같은 스피치 설계도를 만들 수 있다.

기회는 널려 있다

시련이 선물한 성공의 기회들!
돈을 벌기 위해 19세부터 시작한 수십 가지 아르바이트를 통해 다양한 사람들과 인맥을 쌓고, 또한 다양한 문제를 해결할 수 있는 내공이 쌓임

우리의 생각에 맞춰 찾아오는 기회들!
같은 스펙과 환경을 가진 경단녀 두 명의 상반된 행보

마트 캐셔
vs
대학 외래 교수

원하는 기회를 찾아가라
경단녀, 고졸 출신 알바생, 콜센터 직원 등 악조건에서도 기회를 적극적으로 만들어 성공적인 삶을 사는 사람들의 이야기

아무리 어려운 조건에 놓여도 자신이 원하는 기회를 만들어 낼 수 있다

자신에게 주어진 시간에 맞게 사례의 개수와 분량을 조절할 수 있다. 세 개의 소주제를 두 개로 줄여서 갈 수 있고, 다소 구체적으로 풀어낸 사례를 간단하게 말할 수도 있다. 다만 주제를 뒷받침해 주는 소주제는 3개를 넘지 않는 것이 좋다. 3개가 넘으면 청중들은 복잡하게 여겨서 지루해할 수 있기 때문이다. 이 스피치 설계도는 프레젠테이션을 비롯해 보고 스피치, 회의 스피치, 토론에서도 활용할 수 있다.

입찰 프레젠테이션의 예를 한 번 더 보자. 다음은 방과 후 교실에서 영어 프로그램을 운영하는 교육업체의 입찰 프레젠테이션 스피치 설계도이다.

스트레스 NO! 영어로 수다 떠는 우리 아이

학부모님께는 행복을!
- 가족 해외여행에서 아이가 거침없이 원어민과 영어로 대화해서 뿌듯함을 느낀 부모님이 감사 문자 준 사연
- 사교육 시키다가 방과후로 바꾼 엄마의 사연
- 방과후 교실 성공적인 후기

아이들에게는 즐거움을!
- 두 번 이상 신청하는 아이들 통계
- 재미있게 프로그램에 참여하는 아이들 사진
- 즐길 수밖에 없는 특별한 프로그램 소개

선생님들과는 신뢰를!
- 철저하게 관리해 주는 선생님들의 사례
- 선생님과 개별적으로 문자를 주고 받으며 친분을 유지하는 모습
- 검증된 교사 시스템

사교육을 넘어서는 만족을 원하신다면
믿고 선택해 주세요!

자, 이제 스피치 설계도가 무엇인지 감을 잡았다면 여러분이 쓴 10편의 칼럼을 스피치 설계도로 바꾸어 보자. 그리고 스피치 설계도를 보며 7~8분 정도의 스피치를 해보자. 스피치 하는 모습을 카메라에 담고 반드시 모니터링을 하는 것이 중요하다.

자신의 스피치를 객관적으로 모니터링 하는 것만으로도 스피치 실력은 빠르게 향상될 수 있다. 영상으로 찍어서 모니터링 하는 것을 10회 이상 반복하도록 한다. 이 훈련을 꾸준히 지속하면 여러분은 머지않아 성공적인 대중 스피치를 할 수 있게 될 것이다.

멋있게 NO!
쉽게 YES!!

부끄러운 고백이지만 나는 정치, 경제 문제에 대해서는 관심이 별로 없었다. 신문이나 뉴스를 봐도 알아듣지 못하는 말이 대부분이어서 한 귀로 듣고 한 귀로 흘렸다. 그러던 내가 요즘은 이 분야 소식을 곧잘 챙겨서 본다. 그러다 보니 재미도 있어지고 관련해서 할 말도 자꾸 많아진다. 사람들과 사회 여러 분야에 대해 대화하는 재미도 쏠쏠하다.

말을 하거나 글을 쓸 때는 주제를 최대한 알아듣기 쉽게 설명하도록 한다. 듣는 사람 입장에서는 알아듣기 쉬우면 계속 듣고 싶어지고, 그 주제에 대해 더 많은 관심이 생긴다. 쉬운 글은 문장이 짧으면서 쉬운 단어들로 구성되어 있다. 무겁고 어려운 주제에 대해 쓴 책인데도 많은 사람이 즐겨 읽는다면 그 주된 이유도 쉬운 문장 때문일 것이다. 술술 읽혀지는 글이 좋은 글이다. 글 쓰는 사람 자신이 아니라 독자를 위한 글이 좋은 글이다. 스피치도 똑같다. 말하는 사람 자신을 위한 것이 아니라 청중을 위한 스피치가 훌륭한 스피치이다. 훌륭한 스피치를 하고 싶으면 일부러 멋있게 말하려고 하지 말아야 한다. 청중이 알아듣기 쉬운 말로 하는 게 중요하다.

청중이 알아듣기
쉬운 말로 하는 스피치가
훌륭한 스피치

사실 쉽게 말하는 것이 말처럼 쉬운 일이 절대 아니다. 말하고자 하는 주제의 내용을 완벽히 이해하고 알고 있어야 가능한 일이다. 완벽히 알지 못하면서 알고 있다고 착각하기 때문에 어디서든 찾아볼 수 있는 교과서적인 설명을 그대로 가져다가 이야기하게 되는 것이다. 스피치를 잘하려면 완벽한 이해는 물론이고, 청중을 배려한 비유와 예시를 통해 쉽게 설명하고자 하는 노력이 필요하다.

쉽게 말하기 위한 처방전을 한 가지 소개한다. 금융권에서 진행한 성과 보고 프레젠테이션 코칭 사례를 통해 살펴보자.

프레젠테이션 코칭 사례

본 사례의 사업장은 세종시 가재마을로 분양 및 임대아파트가 혼재되어 있는 지역입니다. 먼저 사업장의 영업추진 배경 및 이슈 사항을 말씀 드리겠습니다. 동사업장은 총 8,920세대 중 분양 3,750, 임대 5,170세대인 대단지 아파트로서 단기간인 3개월간의 입주기간을 정함에 따라 업무량 폭증이 예상되어 집단추진이 반드시 필요한 상황이었으며, 임대아파트는 대출진행 절차가 복잡하고 많은 상담시간이 필요하여 직원들의 큰 노력도에 비해 성과가 크지 않으며 원활한 업무처리가 불가능 할 것으로 예상되었습니다.

이렇게 진행하는 프레젠테이션 스피치를 다음과 같이 알아 듣기 쉬운 말로 바꿨다.

자! 지금 보시는 사례는 세종시 가재마을입니다. 이 지역은 분양과 임대아파트가 섞여 있습니다. 총 8,920세대인데요, 분양이 3,750가구입니다. 그리고 임대가 나머지 5,170세대로 대단지 아파트이지요. 이렇게 대단지 아파트임에도 불구하고 입주기간이 3개월로 아주 짧았습니다. 그래서 업무량이 굉장히 많기 때문에 집단 추진이 반드시 필요한 상황이었습니다. 여러분도 아시는 것처럼 임대 아파트는 대출진행 절차가 복잡하고 상담하는 데 시간이 오래 걸립니다. 그래서 직원들이 애를 많이 쓰는데도 불구하고 성과도 안 나오고 업무처리도 힘이 드는 거죠.

대중 스피치를 할 때 다음과 같은 세 가지만 주의해도 훨씬 잘 들리는 스피치가 된다.

1. 짧게 말한다.

    많은 사람들이 문장을 제때 끊지 못한다. 앞의 프레젠테이션만 보더라도 '~이며~이고~라서~으로 예상된다.' 와 같이 마냥 길게 말하는 것을 볼 수 있다. 문장이 이런 식으로 늘어지면 말하고자 하는 메시지가 명확하게 전달되지 않는다.

2. 문어체가 아닌 구어체로 말한다.

    평소 대화할 때 잘 안 쓰는 단어들을 사용하지 말도록 한다. 예를 들어 '본, 및, 혼재, 동, ~되어'와 같은 단어들이 반복되면 자연스럽게 들리지 않는다. 친구와 대화할 때 "주연아, 본 식당은 삼계탕 및 짜장면 메뉴가 혼재되어 맛을 예측할 수가 없을 듯하다."라고 말하는 사람이 있을까? 없다. "야, 여기는 삼계탕도 팔고 짜장면도 팔아서 맛이 없을 거 같지 않냐?"라고 해야 자연스러운 대화이다.

    대중 앞에서는 격식을 갖춰야 한다는 생각 때문에 문어체 단어로 말하다 보니 아주 부자연스럽게 들리게 되는 것이다. 듣는 사람은 그때부터 귀를 닫는다. 평소에 쓰는 단어로 말하는 것이 중요하다. 물론 그렇다고 하더라도 비속어나 지나친 줄임말은 피하는 게 좋다.

3. 문장의 마무리를 다양하게 한다.

문장의 어미를 모두 '~입니다.'로 끝내는 것은 좋지 않다. 이것은 마치 ARS로 연결되어 나오는 안내멘트 같은 느낌을 준다. 많은 이들이 '~죠', '~요.'라고 말을 끝내면 격식에 안 맞는 스피치라고 생각하는데 그렇지 않다. 다양한 어미로 문장을 마무리하면 생동감이 느껴져서 오히려 좋다.

대중 스피치를 잘하는 사람은 일대일로 상대방과 대화하듯이 말한다. 그만큼 자연스럽게 들리게 되는 것이다. 어색하게 들리면 사람들은 귀를 닫는다. 닫고 싶어서 닫는 것이 아니라 잘 들리지 않으니까 저절로 닫히는 것이다. 청중이 집중하지 않는다고 불만을 갖는 대신 자신의 스피치를 청중의 입장에서 들어보는 자세가 필요하다. 청중의 태도 분석은 성공적인 스피치를 하기 위해 꼭 필요한 핵심적인 요소이다.

6
기대 이상의 효과, 낭독

   글을 잘 쓰고 싶으면 필사를 해보라고 글쓰기 전문가들은 권한다. 마찬가지로 스피치를 가르치는 나는 말을 잘하고 싶으면 낭독을 해보라고 권한다. 물론 한두 번으로 금방 효과가 나지는 않는다. 하지만 하루 한 쪽이라도 글을 쓴 저자의 입장에서 감정을 몰입해서 낭독하는 습관을 갖는다면 여러분은 분명히 훌륭한 스피커가 될 수 있을 것이다.

   실제로 말을 더듬고 말주변이 없는 강사나 쇼 호스트 지망생들이 낭독 훈련을 통해 실력이 빠르게 느는 경우를 많이 보았다. 쇼 호스트 아카데미의 커리큘럼에 낭독 수업이 절반 이상 차지하는 이유도 바로 이런 이유 때문이다.

낭독은 다음과 같이 여러분이 기대하는 것 이상의 효과를 가져다준다.

첫째, 낭독을 하면 표현력이나 메시지, 어휘가 쉽게 흡수되고 낭독한 내용이 오랫동안 기억에 남는다. 낭독은 눈으로 보고 입으로 말하고 귀로 듣는 활동이기 때문에 읽는 동안 뇌가 더 활성화 된다. 그래서 말주변이 없고 표현력이나 언변술이 부족한 사람들도 꾸준한 낭독 연습을 통해 스피치 실력을 자연스럽게 키울 수 있다.

둘째, 낭독을 하면 감정이 풍부하게 된다. 풍부한 감정은 대중 스피치를 잘할 수 있게 해주는 강력한 무기가 된다. 감정이 풍부한 사람은 남보다 느끼고 깨닫는 것이 많기 때문에 쉽게 스쳐 지나갈 일상에서도 타인과 공감할 수 있는 에피소드를 찾아낸다.

셋째, 낭독은 에피소드를 생생하고 드라마틱하게 표현할 수 있는 훌륭한 훈련법이다. 에피소드를 실감나게 표현하는 능력은 청중의 몰입도를 좌우하는 중요한 요소이다. 감정이 풍부한 사람은 스피치를 하면서 감정이입이 자연스럽게 이루어진다. 대중 스피치의 달인으로 불리는 사람들이 가진 강점도 바로 실감나는 표현력이다.

낭독은 최고의
스피치 훈련법

낭독을 통해 풍부한 감정을 키워 보도록 하자. 책을 낭독하며 그 글을 쓴 작가들의 감정을 뜨겁게 느껴 보는 것이다. 좋아하는 영화나 드라마의 대본을 낭독하는 것도 좋다. 주인공의 심정과 하나가 되어 낭독한다면 효과는 배가될 것이다. 풍부한 감정은 여러분의 삶을 더 풍성하게 만들어 줄 것이고, 일상에서 다양한 에피소드를 쌓을 수 있게 해줄 것이다. 그렇게 쌓인 에피소드는 강한 진동이 되어 청중이 여러분의 스피치에 집중하도록 만들어 줄 것이다. 그러면 여러분은 훌륭한 스피커가 되는 것이다.

낭독 연습

1. 좋아하는 장르의 책을 고른다. 시집이나 에세이도 좋다. 처음에는 얇은 책을 고른다.
2. 하루 목표를 정한다. 하루에 한 쪽도 좋다. 스피치 습관 노트를 만들어서 활용해 본다.(스피치 습관 노트 양식은 인터넷 네이버 카페 '소다습'에서 다운받을 수 있다.)
3. 혼자 소리 내어 읽을 수 있는 시간대와 장소를 고른다. 큰소리로 낭독하면 좋지만 그럴만한 장소나 시간이 확

보가 안 된다면 작은 소리로 속삭이듯 해도 효과는 있다.

(나는 아침 6시 화장실에 앉아 낭독을 한다.)

4. 일주일에 한 번 정도는 집중해서 한 시간 이상 읽을 수 있는 시간과 장소를 확보한다.

5. 자신이 낭독하는 것을 휴대폰에 녹음한다.

6. 녹음한 것을 다시 들어 본다. 처음에는 자신의 목소리가 마음에 들지 않을 수 있다. 어느 정도 익숙해지면 책의 내용을 복습하는 효과는 물론이고 목소리와 발음, 속도에 대한 셀프 피드백이 가능해진다.

7. 책 한 권을 모두 낭독하고 나면 다른 장르의 책을 선정해서 새로 낭독을 시작해 본다.

8. 어느 정도 익숙해지고 나면 드라마나 영화대본 낭독에 도전해 보자. 어휘적인 표현력을 넘어서 감정표현을 숙달하는 데 아주 효과적이다.

9. 자, 이제 본격적으로 대중 앞에 서 보자. 낭독을 즐기는 사람들의 모임에 동참해 보는 것이 좋다. 대중 스피치에 대한 공포가 조금씩 사라지면서 어느덧 말을 즐기고 있는 자신을 발견할 수 있게 될 것이다.

감정이입은 이렇게!

감정을 이입하자. 빨리 읽는 것은 중요하지 않다. 한 문장을 읽어도 글을 쓴 저자의 마음과 하나가 되겠다는 생각으로 낭독하는 것이 중요하다. 몸을 움직이며 낭독하는 것도 좋다. 마치 자신이 성우나 아나운서가 되어서 오디오북을 제작한다는 생각으로 낭독하는 것이다.

내용에 대한 이해 없이 글자만 읽는 것은 아무 효과가 없다. 감정이입을 위해 음악을 활용해 보는 것도 좋다. 낭독하는 글과 어울리는 음악을 찾아서 잔잔하게 배경음악으로 활용해 보는 것이다.

꿀팁 한 가지 더! 와인이나 맥주 한잔이 곁들여지면 여러분 안에 깊숙이 숨겨져 있는 표현의 욕구가 표면으로 확~ 올라올 수 있다는 거!

남지윤

국내 최고의 프레젠테이션 컨설턴트로 기업직원교육 전문회사 미라클에듀 대표. 이화여대 물리학과와 한양대 일반대학원 경영학과 졸업. 프리랜서 아나운서로 활동. 기업 임직원 대상 스피치 및 프레젠테이션 컨설팅으로 유명하다. 기업, 관공서, 대학에서 프레젠테이션 스킬, 고객소통을 주제로 강연한다. 유튜브에서 '남지윤의 Speech Therapy'란 채널을 통해 스피치 및 커뮤니케이션 기법을 사람들과 공유하고 있다.

유튜브 : 남지윤의 Speech Therapy   Email : miracle_youn@naver.com

6장

말주변이 없어도 성공하는
프레젠테이션

PT 스피치

+ 남지윤 +

딱 1분, 청중을
내 편으로 만드는 오프닝

외국계 기업에서 소통을 주제로 강의를 해달라는 요청이 왔다. 나는 전화를 걸어온 교육 담당자에게 이런 저런 질문을 이어 갔다. "혹시 소통 강의를 요청하는 배경에 특별한 사내 상황이 있으신가요?" 이런 나의 질문에 담당자는 잠시 당황한 듯했다. 그리고는 사무실 밖에 나가서 전화를 받겠다고 잠시만 기다려 달라고 했다.

잠시 뒤 반가운 목소리가 이어졌다. "그렇게 질문 주신 강사님을 처음 만나서 조금 당황했어요…. 사실은 저희 사내에서 요즘 영업 부서와 프로그램 부서가 입장차이로 맞부딪치고 있어요. 이 두 부서가 서로 진짜 소통이 될 수 있도록 잘 부탁드려요." 그는 요청한 강의의 목적에 대해 이렇게 명확하게 알려주었다.

나는 두세 번의 사전 상담을 통해 청중을 분석해 나갔다. 어떤 사람, 어떤 연령대, 그리고 어떤 업무를 보는 사람들이 듣는지 알아보는 것은 기본이다. 그리고 그걸 넘어서서 이 강의를 왜 들으려고 하는지, 청중에게 이 강의가 왜 필요한지에 대해서 분석해야 한다. 내부적으로 어떤 목적으로 강의 요청을 하는지에 따라 프레젠테이션의 준비와 강의 내용이 완전히 달라지기 때문이다.

그렇게 해서 나는 단순히 소통을 주제로 강의만 한 게 아니라 두 부서가 서로 잘 소통할 수 있도록 가이드 역할을 할 수 있었다. 강의는 소통을 잘하는 방법을 전해주고 각자가 서로의 속마음을 나눌 수 있도록 돕는 모듈을 통해서 진행했다. 담당자는 강의 덕분에 두 부서가 오해를 많이 풀 수 있게 되었다며 고맙다는 인사를 전해 주었다.

나를 찾게 된 계기도 들려주었는데, 그 전에 진행했던 강사가 소통을 주제로 강의해 달라는 말만 듣고 본인이 가지고 있던 교안으로 프레젠테이션을 했다고 했다. 직장 동료들 사이의 소통에 대한 강의를 기대했는데 강의 준비는 고객과의 소통을 주제로 했고, 예시도 콜센터 직원이 들으면 좋을 고객 서비스 내용이었다는 것이다.

강의 전
청중 분석은 필수

　마음에 드는 상대방을 잘 알고 접근할 때 성공확률이 높아지듯, 청중의 니즈를 잘 알고 임하면 성공적인 PT를 할 수 있다. 청중과 연애한다는 기분으로, 청중에 대해 진심으로 알려고 하는 자세가 중요하다. 그리고 청중이 듣고 싶은 말을 효과적으로 전하기 위해 청중에 대한 분석은 필수이다. 상대방에 대해 파악하고 있으면 같은 내용을 전달하더라도 예시가 달라진다. 그리고 자신들이 놓인 상황에 맞는 구체적인 예시가 제시되면 청중은 훨씬 더 깊은 공감을 갖게 된다.

　예를 들어 청중이 편하게 듣는 가운데서 새겨들을 만한 메시지가 담겨 있기를 원하는 상황이 있다. 이럴 경우에 강사가 의욕만 앞서 많은 정보와 메시지를 주려고 하드 코어로 강의를 진행하면 불만이 나오기 쉽다. 이와 반대로, 직원들의 특정 상황을 교정하기 위해, 즉 클리닉을 목적으로 강의 요청이 오는 경우가 있다. 그런 경우에는 반드시 구체적인 변화를 이끄는 가운데서 즐거운 훈련이 되도록 진행해야 한다. 건조하고 딱딱한 분위기를 피하면서 즐거움을 주는 강연을 하는 것은 매우 중요하다.

　강사와 함께하는 시간을 청중이 즐겨야 하는 것은 기본 중의 기본이다. 그리고 청중 파악은 강의 준비 전에 반드시 선행되어야 하는 필수요소이다. 그래야 강사가 하고 싶은 말을 일방적으로 하는 게 아니라 청중이 진짜로 듣고 싶어 하는 말을 전달할 수 있다.

초반 1분. 오프닝이 성패를 좌우한다

연애에서도 첫 인상이라는 예선을 통과해야 본선으로 나아갈 수 있다. 프레젠테이션도 마찬가지다. 초반 1분의 오프닝이 프레젠테이션의 성패를 좌우한다고 해도 과언이 아니다. 그래서 예고편 같은 초반 1분, 오프닝으로 청중들의 관심을 끌 수 있어야 한다. 나는 강의 PT를 시작하기 전에 이 강의를 왜 들어야 하는지 구체적인 이유를 제시한다.

"여러분, 프레젠테이션 하실 때 자신도 모르게 말이 빨라지든가 하면서 청중의 집중을 계속 끌고 갈 수 있을지 걱정하신 적 있지 않으신가요? 오늘 이 시간을 통해 발표할 때 긴장감을 남에게 들키지 않고 청중을 사로잡는 비법 세 가지를 알려드리겠습니다!"

청중 분석을 통해 명확하게 그 강의에서 얻어갈 이점에 대해 말해 주면 듣는 사람들의 자세가 달라진다. 프레젠테이션

할 때도 마찬가지다. 청중의 입장에서 이 발표를 들으며 어떤 '이득'을 얻어갈지 확실하게 사전예고를 해주는 것이다. 그러기 위해서는 청중들이 가지고 있는 '고민'이나 '문제점'을 먼저 이야기하며 공감과 자극을 유도하는 게 좋다.

그렇게 하면 청중들은 자신이 가지고 있는 고민에 대해 한 번 더 생각하게 되고, 그것을 해결해야겠다는 필요성을 더 절감하게 된다. 그 다음은 청중이 그 발표를 듣고 나서 자신의 고민이 해결된 멋진 모습을 상상하도록 만들어 준다. 청중과 강의자가 처음부터 하나가 되는 것이다. 그러면 대부분 끝까지 청중의 집중력을 유지하면서 성공적인 PT를 끌어가게 된다. 강의를 듣는다는 건 시간과 에너지를 투자하는 일이다. 그만큼 '무엇을 얻어갈 것인가'를 청중에게 미리 환기시켜 주는 중요한 순간이 바로 초반 오프닝 공략이다.

청중과 1:1
대화하는 기분이 들도록

청중 입장에서 가장 지루한 발표 스타일 가운데 하나는 발표 내용을 외워서 하는 듯한 발표, 로봇이 하는 것 같은 발표이다. 오프닝에 성공했다면 이제부터 본격적인 발표에 들어가야 하는데 무엇보다 발표하는 스타일에 대해 신경을 써야 한다. 발표자의 입장에서는 청중석을 보면 많은 사람들이 한꺼번에 보이니 긴장이 되어서 딱딱한 발표가 되기 쉽다. 이럴 때 말투나 표정을 통해 청중과 일대일로 대화를 나누는듯한 느낌을 주도록 해보자.

발표자의 입장에서 다수의 청중이 아니라 그 가운데 한 사람과 말을 주고받는다고 생각하는 것이다. 실제로 발표자는 혼자 이야기하지만, 청중의 입장에서는 발표자 한 명만 보이기 때문에 일대일로 대화하는 느낌을 받을 수 있다. 그렇기에 청중 수에 상관없이 일대일로 대화하고 있다는 느낌으로 발표를 해보라는 것이다. 그러면 청중은 발표자에게 친근감을 느끼고, 끝까지 집중력을 유지하며 듣게 될 것이다.

이렇게 하기 위해서는 다음의 세 가지를 기억하도록 하자.

첫째, 청중의 반응을 살피고 리액션을 적절히 해준다.

가까운 사람과 대화할 때를 떠올려 보자. 상대의 반응에 상관없이 본인 말만 하는 게 아니라, 상대의 표정과 리액션에 따라 적절한 반응을 해준다면 더 즐거운 대화가 되지 않던가. 프레젠테이션도 마찬가지이다. 청중의 표정과 자세, 현재 상황에 대해 공감해 주고 적절한 반응을 해주면서 강의를 진행하도록 한다.

둘째, 몸으로 대화한다.

몸으로 대화한다는 말은 최대한 친근한 눈빛과 표정, 제스처를 취한다는 것이다. 말도 중요하지만 비언어적인 요소로도 친근한 느낌을 많이 줄 수 있다는 점을 명심하자. 서로 교감의 시너지를 불러일으키도록 해줄 것이다

셋째, 가능한 한 대화체로 대화하도록 한다.

발표를 하다 보면 구어체가 아닌 문어체로 말하는 사람들이 많다. 일상대화처럼 말하는 게 아니라 문서 작성 때나 사용하는 단어를 사용하는 것이다. 그렇게 하면 듣는 사람이 거북하고 분위기가 딱딱해진다. 가급적 그런 단어는 피하고 부드럽게 구어체를 사용하도록 한다. 예를 들면 문어체인 "~ 의한" "~대하여"를 "~통한" "~에 대해"로 바꾸어서 쓴다.

초반 오프닝은 청중들이 편하게 마음을 열도록 만들 수 있는 매우 중요한 기회이다. 오프닝에 성공하려면 친근한 말투로 청중들의 고민과 문제점을 언급하며 해결책까지 제시해주는 멘트로 청중을 사로잡아라! 그렇게 하면 이어서 진행할 PT의 반은 이미 성공한 셈이다.

PT 스피치는
한 편의 뮤지컬처럼

남이 하는 말을 듣는데 말이 한쪽 귀로 들어왔다가 다른 귀로 그냥 나가 버리는 것 같은 느낌을 받은 적이 있을 것이다. 실제로 이런 경우는 흔하다. 계속 일정한 톤과 단조로운 속도로 말하거나 리듬감 없이 자기 말만 계속하는 것도 이런 경우에 해당될 것이다. 많은 사람들이 PT를 할 때 시작하는 순간부터 끝마치는 순간까지 거의 같은 속도와 톤을 유지하며 발표를 계속한다.

뮤지컬 공연을 한번 생각해 보자. 사람들은 왜 뮤지컬 배우의 연기에 집중하고 감정을 몰입하게 되는 것일까? 노래 속에 답이 있다고 나는 생각한다. 노래는 같은 속도, 같은 음이 계속 이어지는 게 아니라 상황과 감정의 흐름에 따라 속도의 변화와 톤의 변화가 다양하게 있다. 그 변화 속에서 청중은 함께 배우의 감정에 동화되고 몰입하게 된다. 또 배우는 가만히 서서 노래만 하는 게 아니다. 음악을 표현하는 풍부한 표정과 몸짓을 함께 함으로써 청중의 몰입을 더 끌어낸다. 이런 장점을 쏙쏙 빼내어 스피치에 활용한다면 청중들이 뮤지컬을 보는 것처럼 집중하도록 만들 수 있다.

시나리오는
멋진 악보

우리도 뮤지컬 배우처럼 리듬감 있게 프레젠테이션 내용을 표현해 보는 것이다. 공연 한 편이 무대에 올려지기 위해서는 대본과 악보가 있어야 하듯이 하나의 PT를 위해 나만의 악보를 만든다. 이를 위해 발표자료에 나만의 리듬감과 강약조절, 속도 등을 표시한다. 특정 부분을 강조하기 위해서는 말하는 속도와 기본적인 강약조절 테크닉을 적용한다.

강약조절

1. 강하게 : 강하게는 원하는 단어에 O 표시를 한다.
2. 약하게 : 약하게는 원하는 단어에 ⇩ 표시를 한다.

이렇게 자신만의 기호를 만들어 시나리오에 표시한 다음 연습하고 발표를 한다면 자신감이 크게 올라갈 것이다. 아울러 딱딱한 분위기가 아닌 한 편의 공연 같은 발표를 할 수 있게 된다. 발표할 때 나타나는 좋지 않은 습관들을 하나씩 고쳐 나간다면 나중에는 자신이 원하는 모습으로 성공적인 PT를 할 수 있게 될 것이다.

청중들에게 신뢰감을 주려면

프레젠테이션 스피치 컨설팅을 진행하다 보면 신뢰감 있게 말하고 싶은데 실제로 스피치는 다르게 진행된다는 하소연을 자주 듣는다. 발표하는 사람이 의욕만 앞서다 보니 표정이 과장되고 말마디가 뚝뚝 끊어지는 것이다.

이런 경우 청중의 입장에서 보면 발표자가 자신들과 소통하고 있다는 느낌보다는 발표 내용을 외워서 열심히 발표한다는 느낌을 받게 된다. 발표는 기본적으로 일상대화를 하듯이 자연스럽게 하고, 강조하고 싶은 대목에서는 강조기법을 사용하는 게 좋다. 말하듯이 표현하고 싶을 때는 친구한테 설명하듯이 말하면서 문장 끝에 '습니다.'를 붙여 볼 것을 추천한다. 그러면 어느새 일대일 대화식 발표 어투가 될 것이다.

말마디가 뚝뚝 끊어지는 문제의 원인은 크게 두 가지로 볼수 있는데 그중 하나는 호흡 부족이다. 흉식호흡을 통해 호흡의 길이가 짧다 보니 호흡이 가빠지고 뚝뚝 끊기는 것이다. 컨설팅을 진행하다 보면 리허설 때도 발표자가 긴장해 숨이 가빠지고 계속 흉식호흡을 하는 모습을 자주 본다. 이럴 때는 꾸준한 복식호흡 훈련을 해보기를 추천한다. 말할 때 여유가 생기는 것을 느낄 수 있을 것이다.

조사에 힘을 주어 말할 때 말마디가 끊기는 경우도 있다. 문장 머리가 아니라 어미에 힘을 주어 말하는 습관 때문이다. 교육생 중에 발표를 진행하면 자꾸 끝에 힘을 주며 상승조로 올리는 사람이 더러 있다. 이런 경우에는 어미가 아니라 단어의 첫 번째 글자에 힘을 주고, 최소 두세 어절을 붙여서 말하는 연습을 해보는 게 좋다. 좀 더 부드럽고 신뢰감을 주는 스피치를 할 수 있게 될 것이다.

긴장으로 말이 빨라지면
발음을 또박또박 한다

　발표를 하다 보면 긴장감이 점점 더 높아가고 말이 빨라지는 경우가 있다. 어서 그 시간이 끝나 주기를 바랄 뿐 말은 점점 더 빨라진다. 그렇게 되면 전달력은 크게 떨어지고, 원래 하고자 했던 말을 다 못하고 끝내게 된다. 긴장되어 말이 빨라질 때에는 다음과 같은 처방을 추천한다.

　첫째, 발음에 조금 더 신경 써서 말하도록 한다. 긴장하면서 말이 빨라지고 말이 꼬이게 되면 침을 한 번 삼킨 뒤 단어 하나하나 발음에 신경을 쓰면서 입술을 움직여 보자. 나도 가끔 굉장히 긴장되는 자리라던가, 300명이 넘는 많은 사람 앞에 서면 떨릴 때가 있다. 그리고 갑자기 말이 빨라진다는 것을 스스로 느끼게 되는데, 그럴 때 입에서 말이 나오는 대로 그냥 내버려 두면 안 된다. 재빨리 단어와 토씨 하나하나까지 정성스럽게 발음한다는 생각으로 강의를 진행하면 안정적인 흐름을 되찾을 수 있게 된다.

　그런 경우를 위해 평소에 해두면 도움이 되는 연습이 있다. 자음보다 모음에 중점을 두고 발음 연습을 하는 것이다. 한글은 자음과 모음으로 이루어져 있는데, 그 중에서 자음보다 모음에 입술 모양을 집중하면 발음이 더 정확해지는 것을 알 수 있다. 실제 입술 모양도 자음보다는 모음에 따라 움직인다. 예를 들어 '고기'를 발음하면 입술 모양은 모음 'ㅗ''ㅣ'를 따라 움직인다는 것을 알 수 있다.

모음 발음하기 훈련

1단계 : '한국관광공사'라고 발음해 본다.
　　　　혹시 '항극강강공사'라고 발음하지 않는지 눈여겨보자.
2단계 : '한국관광공사'에 들어 있는 모음인
　　　　'ㅏ ㅜ ㅘ ㅘ ㅗ ㅏ'를 볼 근육을 모두 사용해 또박또박 발음한다.
3단계 : 다시 '한국관광공사'라고 발음해 본다.

　좀 더 정확하게 발음이 된다는 느낌이 드는가? 실전에서 모든 모음에 다 신경을 써서 말하기는 힘들다. 그럼 어떤 모음만 조금 더 신경 쓰면 좋을까? 모음 가운데서 'ㅗ, ㅜ, ㅘ, ㅝ'만이라도 더 신경 써서 말해 보자. 청중의 귀에 여러분이 하는 말이 명확하고 또박또박하게 잘 들릴 것이다. 그렇게 하면 여러분은 긴장감 속에서도 발음에 조금 더 명확하게 신경 쓰면서 강의 속도까지 여유 있게 조절할 수 있게 된다.

　둘째, 긴장될수록 청중과의 소통에 더 신경을 쓰도록 한다. 발표할 때 왜 긴장이 될까? 그 이유를 알아내면 해결책도 찾을 수 있을 것이다. 사람들은 긴장하고 있는 자신의 모습이 청중에게 들키지 않을까 하는 두려움에 더 긴장하게 된다. 무대 위에서 자기 혼자 힘으로 긴장감을 이겨내려고 하면 점점 더 그렇게 된다. 만약 실수라도 하면 사람들이 자기를 아마추어로 취급하거나 비난할 것이라는 두려움 때문이다. 이런 점을 극복하려면 어떻게 해야 할까?

먼저 자신에게 긍정적인 최면을 건다. 발표를 하러 나가는 순간 여기 앉아 있는 사람들은 모두 나를 긍정적인 눈으로 본다는 최면을 스스로 건다. 실제로는 발표자인 나를 아무런 감정 없이 보거나 부정적으로 보는 사람들도 있을 것이다. 긍정적으로 보다가도 내가 실수하는 것을 보고 마음속으로 비난하는 사람도 있을 것이다.

이런 분석은 발표를 끝낸 뒤 해도 늦지 않다. 발표부터 끝낸 다음 자신이 어떤 실수를 했고, 어떤 부분에서 사람들이 부정적인 생각을 했을까 하고 따져 봐도 늦지 않다. 발표하는 순간은 모인 모든 사람이 자신을 긍정적으로 본다고 강한 최면을 걸자. 당당하게 자신감을 갖는 것이다. 사람들 앞에 서 있는 그대는 이미 멋있는 사람이다.

긴장되고 당황스러우면 청중들에게 솔직하게 고백하는 것도 좋은 방법이다. "제가 오랜만에 많은 사람들 앞에 서니 긴장이 되네요. 하지만 오늘 여러분과 함께 할 수 있어서 기쁘게 생각합니다." 이런 식으로 솔직하게 털어놓는 것이다. 솔직한 모습에 청중은 따뜻한 눈길을 보낼 것이다. 발표 도중 예상하지 못한 상황이 일어나면 청중에게 그 사실을 알려서 공유하고 함께 해결방안을 찾도록 한다. 청중이 볼 때 분명히 문제가 생겼는데 어물쩍 넘어가려고 하면 더 어색하고 부정적으로 보일 것이다. 돌발상황을 청중과 함께 공유하면 뭔가 모를 유대감이 생길 수도 있다. 발표자와 청중이 조금 더 가까워지게 되는 것이다.

기업 강연을 하러 갔을 때이다. 강연 초반에 노트북과 빔 프로젝트의 호환이 늦어져서 페이지가 몇 분 정도 안 넘어가는 상황이 발생했다. 모두가 그런 문제가 생긴 사실을 알고 있었고, 그래서 사람들에게 그 상황을 솔직하게 말했다. "사실 지금 포인트를 누르고 있지만 호환이 늦어져 넘어가지 못하고 있어요. 여러분, 잠깐 넘어가기까지 기다리는 동안 대신 제가 추가 알짜 팁을 알려드릴게요." 청중은 좋다고 해주었다. 그리고 나서 화면이 넘어가자 함께 박수를 치며 서로 동지(?)가 된 듯한 분위기가 만들어졌다.

'짧게 가려면 혼자 가고, 멀리 가려면 함께 하라.'는 아프리카 속담이 있다. 발표할 때도 긴장되면 혼자 이겨내려고 하기보다 청중과 함께 하자. 청중은 의외로 당신 편이다. 그렇게 한 편의 뮤지컬처럼 PT를 진행한다면 발표자와 청중이 서로 소통하는 즐겁고 알찬 발표가 될 것이다.

3

돌발적인 위기상황을
기회로 만드는 방법

    살다 보면 일이 예상한 대로 흘러가지 않는 경우가 많다. 프레젠테이션을 진행할 때도 예상한 상황들만 펼쳐지는 것은 아니다. 발표가 꼬일 수도 있고, 청중의 질문을 통해 당혹스러워질 수도 있다. 이럴 때는 위기를 기회로 만들 수 있다는 긍정적인 마인드가 필요하다. 몇 가지 대처방법을 알고 있으면 이런 돌발상황 때 조금은 덜 긴장되고 차분하게 대처할 수 있을 것이다.

발표 때 할 말이 생각나지 않으면
어떻게 해야 하나요?

그럴 땐 모른 척하고 자연스럽게 넘어가도록 한다. 청중은 당신이 어떤 내용을 말하려고 했는지 정확히 모른다. 할 말이 기억나지 않으면 다음 이야기로 자연스럽게 넘어가면 된다. 기억나지 않는 것을 억지로 기억해 내느라 '어….' '음….' 하며 머뭇거리는 순간, 긴장감은 더 커지고, 그때부터 발표가 제대로 되기 힘들어진다.

처음 강의를 시작했을 때 준비한 내용이 기억나지 않은 때가 있었다. 청중은 내가 무슨 말을 하려고 했는지 다 알고 있을 것만 같아서 "죄송합니다."를 연발했다. 끝나고 나서 담당자가 내게 이렇게 말했다. "강사님, 그렇게 죄송하다는 말 안 하셔도 우리는 몰라요. 할 말이 생각나지 않을 땐 그냥 진행하셔도 되요." 그렇다. 발표하는 내용에 대해 제일 잘 아는 사람은 청중이 아니라 발표자 자신이다. 할 말이 생각나지 않더라도 당황하지 말고 태연하게 밀고 나가도록 한다.

Q&A 시간! 피하지 말고 즐겨라!
실력 다지기 기회로 활용

프레젠테이션 발표자들 중에는 질문 받는 것을 꺼리는 경우가 더러 있다. 자신이 모르는 내용에 대해 질문을 받거나 공격을 받을까 봐 두렵기 때문이다. 나는 강의할 때 청중과 소통을 많이 한다. 청중들과 대화를 많이 하다 보면 자연스레 질문이 많이 나온다. 프레젠테이션 내용에 대해 아주 새로운 시각으로 반론을 제기하는 청중도 더러 있다. 그럴 때는 내가 준비한 내용과 생각을 상대가 받아들이도록 굳이 애쓰지 않는다. 나와 다른 시각을 가진 청중이 있다면 그대로 인정해 주는 것이 바람직한 태도이다. 어떤 주제이든 얼마든지 다른 관점에서 접근할 수 있기 때문이다.

'그런 생각도 충분히 가능하다고 생각한다. 그리고 나는 이런 방법도 좋다고 권장하는 거니 오늘 이 시간에는 이렇게도 한번 생각해 보자.'는 식으로 부드럽게 유도하는 것이다.

예상치 못한 청중의 반응에 어떻게 대처할지 구체적인 예와 방법을 소개한다.

청중이 질문의 방향과 다른 답변을 할 때

프레젠테이션을 진행하다 보면 발표자가 질문하고 청중이 답변할 때가 있다. 간혹 청중이 발표자가 예상치 못한 답변을 할 때 그 상황을 자연스럽게 다룰 수 있어야 한다. 새로운 관점으로 본 답변을 이해해 주며, 이런 식으로 반응을 해보도록 한다.

"아! 그렇게 생각할 수도 있겠네요." "그것도 좋은 생각이네요."라는 식으로 말한다. 대화의 흐름을 발표자가 원하는 쪽으로 끌어가고 싶다면 "조금 더 덧붙이자면." "이렇게도 생각해 볼 수 있는데." "또 다른 관점으로 보면."라는 식으로 대화를 이어간다.

논쟁하려는 청중을 만날 때

다분히 공격 의도가 담긴 질문을 하는 청중을 만나면 답변을 가급적 간략하게 끝내는 게 좋다. 그런 사람은 청중들 앞에서 자기 생각이 옳다는 것을 인정받고 싶어 한다. 관점에 따라 다르게 볼 수 있고, 딱 떨어지는 답이 없는 경우에도 굳이 자기 생각을 내세우려고 한다. 청중들 앞에서 그런 사람과 굳이 논쟁을 벌일 필요는 없다. 이런 식으로 부드럽게 유도하며 논쟁을 끝내도록 한다. "관점에 따라서는 그렇게 생각할 수 있다고 생각합니다. 괜찮으시다면 이 부분에 대해서는 발표가 끝난 후 따로 더 대화를 해도 될까요?"

주제와 거리가 먼 질문을 받을 때

주제와 거리가 먼 질문에 너무 상세하게 답변하다 보면 전체 흐름을 흩트릴 수 있다. 그럴 땐 간단하게 답변하고 마무리하는 게 좋다. 간단하게 답해 주고 자연스럽게 흐름을 전환시키도록 한다. 청중이 정말 말도 안되는 질문을 해오는 경우에는 이렇게 마무리 짓도록 해보자. "그 부분은 나중에 발표

끝난 후 따로 답변 드리도록 하겠습니다." 이렇게 말하면 아마 다른 청중들도 당신에게 고마워할 것이다

긴 답변과 질문을 받을 때

프레젠테이션은 주어진 약속시간 안에 마무리하고, 흐름이 끊어지지 않고 자연스럽게 진행되어야 청중이 집중력을 유지해 나갈 수 있다. 청중 한 명이 혼자서 길게 질문과 답변을 한다면 부드럽게 제지할 필요가 있다. 제지할 때는 정중한 화법으로 짧게 핵심만 이야기해 달라고 부탁한다. 예를 들어 이렇게 말하면 그 청중도 쉽게 받아들이게 될 것이다.

"시간관계상 핵심만 말씀해 주시도록 부탁드려도 될까요?" 라는 식이다. 청중에게 어려운 부탁을 할 때는 명령형이 아니라 이처럼 권유하는 말투로 해야 한다. 말하는 사람도 듣는 사람도 기분 상하지 않고 문제가 훨씬 수월하게 풀릴 것이다.

4

청중을 끌어당기는
질문 기법

프레젠테이션에서 '청중과의 소통'은 너무나 중요하다. 그렇다면 과연 어떻게 해야 청중과의 소통을 제대로 할 수 있을까에 대해 많은 이들이 고민한다. 소통은 서로간의 교감을 말하는데, 교감은 눈빛, 몸짓, 대화 등을 통해서 이루어진다. 청중을 향해 따뜻한 눈빛을 보내고 적극적인 제스처를 취해 보임으로써 청중을 대화 속으로 끌어당겨 올 수 있다.

청중과의 소통에서 첫 번째 수단은 질문이다. 질문을 통해서 청중과 대화를 시도할 수 있다. 그리고 질문을 통해 자연스러운 소통이 시작된다. 강의를 하러 다니면 늘 새로운 사람들 앞에 서게 된다. 서로 처음 보는 사람끼리 쉽게 접근할 수 있는 방법 중 하나는 말을 거는 것이다. 그럴 때 '질문'은 참으로 유용한 수단이 된다.

질문하기 전에
한 번 더 생각한다

청중에게 질문할 때는 먼저 의미 있는 질문인지 따져 본다. 딱딱한 분위기를 깨기 위해 간단한 대화를 할 때는 자유롭게 질문을 주고받는 식으로 한다. 강사가 청중들을 발표에 집중토록 만들고 싶을 때는 청중들이 흥미를 가질 만한 의미 있는 질문을 준비한다.

예를 들어 이미지 메이킹을 주제로 이야기할 때 "이미지 메이킹에 대해 생각해 보신 적 있으신가요?"라는 식의 질문보다는 "여러분은 자신의 이미지 변신을 위해 어떤 노력을 해보셨나요?"라는 식으로 멘트를 하는 것이다. 청중들로 하여금 훨씬 더 적극적으로 '이미지'에 대해 생각해 보게 만들고, 주제 속으로 자연스럽게 끌어들일 수 있는 대화 기법이다.

그리고 청중이 내놓는 답변이 정답인지 아닌지에 대해서는 집착하지 않도록 한다. 질문을 던지고 대화를 나누는 것은 상대방의 생각을 자유롭게 듣기 위함이다. 시험문제를 내는 것처럼 꼭 내 생각에 들어맞는 답변을 들으려고 하면 곤란하다.

청중 입장에서는 어떤 답변이든 적지 않은 용기가 필요할 것이기 때문에 그 수고를 알아주는 아량이 필요하다. 강사가 원하는 정답이 아니라고 해서 바로 "그건 아닙니다."라는 식으로 부정적인 단정을 내리기보다는 "그렇게 생각하실 수도 있겠네요, 조금 더 다르게 생각하면 어떤 답이 있을 수 있을까요?"라는 식으로 부드럽게 반응해 보자.

청중 전체를 상대로 혹은 특정인을 지목하여 질문을 던졌을 때 질문을 받은 상대가 답을 안 하겠다고 손사래를 치거나 고개를 절레절레 흔들 경우엔 어떻게 해야 할까? 혹은 '네.' '아니오.'라고 단답형으로 답하고 입을 닫아 버린다면 질문자는 어떻게 해야 하나? 많은 청중이 보는 앞에서 그런 일이 일어나면 순간적으로 당황스러울 것이다. 그럴 경우에 대해서도 대비해 두는 것이 좋다.

그런 경우에 나는 "아 지금 눈빛으로는 저에게 답변을 해주셨어요. 감사합니다. 그럼 다른 분에게 여쭤보도록 할게요." "쑥스러우신가 봐요. 그럼 옆에 분은 어떻게 생각하시는지 여쭤 봐도 될까요?" 등으로 넘어간다. 청중들도 지목을 받은 사람이 답변을 안 하면 '저 강사 당황스럽겠다. 어쩌지?' 라는 생각을 하다가 위와 같은 말을 들으면 같이 웃으며 넘어가게 된다. 나를 인간적으로 너그럽게 보는 눈빛을 보내주기도 한다. 위로 격려, 그리고 잘 넘어갔다고 안도하는 눈빛이다.

상대가 답변을 안 하거나 단답형으로 답을 끝낸다고 해서 당황하거나 끝까지 답변을 이끌어내려고 고집을 부리지 않도록 한다. 유머 있는 멘트로 부드럽게 넘어가고, 나에게 호의적인 것처럼 보이는 청중을 찾아서 질문을 돌리도록 한다. 이제 어느 정도 질문에 대해 부담을 내려놓을 준비가 되었는가? 청중에게 다가가고 싶을 때 사용하면 좋을 질문기법 몇 가지를 소개한다.

청중을 끌어당기는 5가지 질문기법

1. 열린 질문을 하라

청중으로부터 다양한 반응을 들으며 적극적으로 대화를 나누고 싶은가? 그럼 닫힌 질문이 아닌 열린 질문을 하도록 하자. '네' '아니오.'로 끝나는 닫힌 질문이 아니라 열린 질문을 통해 청중으로 하여금 많은 생각을 하도록 유도하는 것이다. 닫힌 질문은 "직장에서 소통이 잘되면 좋겠죠?" 같은 종류이다. 이런 질문은 "그렇다." 아니면 "아니다."로 답변이 나올 가능성이 높다.

이 질문을 "직장에서 소통이 잘되면 어떤 점이 좋을까요?"로 바꾸면 열린 질문이 된다. 그러면 청중은 답변하기 전에 다양한 생각을 더 해보게 된다. 소통이 편해지면 동료들 간의 업무전달 효율이 높아지고 직장에 오는 즐거움도 따라서 커질 것이다. '서로 다른 의견을 가지고 있더라도 소통이 잘되면 의견조율 하기도 쉬울 거야.' 라는 생각도 할 수 있을 것이다. 결과적으로 사람들은 소통을 잘하는 방법을 주제로 하는 강사의 스피치를 보다 적극적인 자세로 듣게 될 것이다.

2. 상황을 파악하는 질문을 하라

현재 청중에게 놓여 있는 상황을 체크하기 위해 질문할 수도 있고, 청중이 자기 스스로 본인의 상황을 한 번 더 자각할수 있게 만들 수도 있다. 어떠한 질문기법으로 이런 상황 파악을 할 수 있을까?

"…을 경험해 본 적이 있나요?"

"…에 대해서 한번 쯤 생각해 본 적이 있나요?"

"…에 대해 들어보신 분?"

"최근에 … 의 느낌을 경험해 보신 분 혹시 계신가요?"

상황을 파악하는 데 도움이 되는 이런 다양한 질문을 통해 청중과 대화를 시도한다. 전체를 대상으로 질문해도 되고, 그런 다음 우호적인 표정과 눈빛으로 나를 바라보는 청중을 찾아서 '혹시 생각해 보셨다면 본인의 입장은 어떠하신가요?'라는 식의 질문으로 직접 대화를 시도해 보는 것도 괜찮다.

나는 오프닝 시간에 이런 상황 질문을 적극 활용한다. 그렇게 하면 처음에 입을 닫고 나를 쳐다보기만 하던 청중이 대화에 참여함으로써 분위기를 한결 원활하게 만든다는 것을 알기 때문이다.

3. 대답하기 쉬운 질문으로 분위기를 띄우라

똑같은 내용의 질문을 굳이 어렵게 표현하는 발표자들도 있다. 그렇게 하면 청중은 대답하고 싶어도 선뜻 나설 수 없게 된다. 너무 사적인 질문을 한다거나 주변의 시선 때문에 선뜻 답하기 힘든 민감한 주제에 대해서 질문을 던지면 다들 생각과 달리 겉으로 말을 뱉기가 힘들어진다. 답하기 쉬운 내용이라고 해도 주변의 시선을 의식하게 되기 때문이다.

그럴 때는 여론조사 형식을 빌리는 것도 하나의 방법이다. "이 질문에 대해 그렇다고 생각하시는 분은 손을 들어 주세요!"와 같은 거수 기법이다. 그런데 이 또한 어색해서 손을 잘 들지 않는 사람들이 종종 있다. 그럴 때는 이런 방법을 써 보도록 하자. 예를 들면 "그렇다 라고 생각하시는 분은 손가락으로 1번을, 아니다 라고 생각하시는 분은 2번을 저에게 표시해서 보여주세요."라고 하면 90% 이상은 의사표시를 한다. 청중이 답변하기 쉬운 질문을 던지고 손을 들도록 만드는 것

또한 발표자의 능력이다.

4. 사전 설문조사 질문을 하라

실제 발표에 들어가기 전에 간단한 설문조사를 한다. 익명으로 진행하면 조금 더 솔직한 답변을 들을 수 있다. 그 답변 결과를 발표에 활용하면 청중은 자신들의 살아 있는 이야기, 바로 옆 사람의 생생한 이야기가 강의에 반영되기 때문에 더 집중하게 된다. 아무래도 발표하는 도중에 질문을 던져 답변을 들으면 청중은 마음속에 꼭꼭 숨겨둔 이야기를 시원하게 털어놓기가 쉽지 않다. 주변의 시선 때문이다.

그렇기 때문에 청중의 입장에서 가장 고민이 되는 질문, 현재 이슈가 되는 부분에 대한 생각 등에 대해 사전 질문을 미리 하는 게 좋다. 사전 질문에 대한 답변을 작성하면서 이미 청중은 본인이 듣게 될 주제에 대해 한 번 더 생각하게 되고, 그만큼 흥미가 더 생긴다. 그리고 이 고민에 대해 발표자가 어떤 명쾌한 해답을 줄지에 대해 기대감이 생긴다. 청중에게 강의의 예고편을 보여 준 것이라고 생각하면 된다.

5. 인터뷰를 하라

청중 한 명을 앞으로 나오게 해서 인터뷰를 한다. 청중 입장에서는 옆자리에 앉은 사람이 앞으로 나가는 것 자체가 관심을 불러일으킬 수 있는 상황이다. TV 프로그램에서 출연진 외에 게스트들이 간혹 앞으로 불려나가는 것도 이런 효과 때문이다. 청중은 발표자의 생각도 궁금하지만 옆자리에 앉은 사람이 하는 이야기에 더 생생하게 공감하기 쉽다.

나는 강의를 진행하기 전에 사전 상담을 2회 이상은 하려고 한다. 그런 식으로 다른 교육과 차별화를 하고, 더 피부에 와닿는 강의를 하기 위해 고민한다. 청중의 반응을 이끌어내는 데 효과적인 방식이 바로 이 인터뷰 방법이다. 청중은 자기 옆자리에 앉은 사람이 앞으로 나가서 강사와 대화를 나누니 잠깐이지만 텔레비전의 토크쇼 프로그램을 보는 것 같은 착각을 하게 된다. 그러다 보면 앉아 있는 시간 자체가 즐거워진다. 인터뷰 시간이 끝나고 본론으로 들어가면 청중은 기분 좋은 감정을 가지고 열린 마음으로 발표 내용을 경청하게 된다.

다양한 상황에 대처할 수 있는 질문 기법만 알고 있어도 프레젠테이션은 성공한 것이나 다름없다. 강사 혼자서 일방적으로 떠드는 프레젠테이션은 의미가 없다. 발표자와 청중이 소통하는 것이 무엇보다 중요하다.

성공을 부르는
IR 입찰 프레젠테이션 노하우

정부나 기관에서 진행하는 사업 입찰을 위한 입찰 프레젠테이션은 기업들로서는 한 해의 사업을 성공적으로 이끌 수 있느냐를 결정하는 중요한 행사이다. 적게는 3~4억에서 많게는 몇 백억 규모의 입찰이 걸려 있는 프레젠테이션인 경우가 많다. 단순한 발표가 아니라 회사의 앞날에 큰 영향을 미치는 발표 자리다 보니 발표자는 더 긴장될 수밖에 없다.

나 또한 IR investor relations,企業說明會 프레젠터로 들어가게 되면 유독 더 긴장되고 신경이 많이 쓰이게 된다. 그리고 발표할 때 틀에 박힌 아나운서 어투를 쓰지 않으려고 각별히 신경 쓴다. 최대한 그 회사의 직원처럼 자연스럽게 말하되 듣는 사람의 귀에는 쏙 들어갈 수 있는 화법으로 공략한다. 요즘 트렌드가 외부에서 전문 프레젠터를 고용해서 진행하기보다 회사 내부 직원이 직접 프레젠테이션을 하는 방향으로 가고 있기 때문이다. 발주기관에서 외부 사람 대신 내부 직원이 직접 발표하기를 원하는 경우도 많다. 이렇다 보니 프레젠테이션을 하게 되면 해당 회사의 임원이나 대표들이 컨설팅 현장으로 찾아와 상담을 받는 경우가 잦다.

입찰 프레젠테이션은 핵심을 담아 최대한 자연스럽게

입찰 프레젠테이션 컨설팅을 하면 발표자들이 너무 발표식, 웅변식으로 하려는 경향이 있다는 것을 알 수 있다. 하지만 힘을 빼고 자연스럽게 말하는 것이 사람의 귀에 더 효과적으로 전달된다. 우수한 기술력을 갖추고 있으면서도 PT를 효과적으로 하지 못해 수주를 따지 못하는 것을 보면 너무 안타깝다. 수주에 참여하는 업체들의 핵심 기술력은 엇비슷한 경우가 많다. 그런 경우에는 누가 자신들이 가진 장점과 기술력을 효과적으로 어필하느냐가 당락을 결정하게 된다. 내가 다년간 지켜보면서 느낀 효과적인 입찰 프레젠테이션 노하우를 소개한다.

첫째, 자신의 취약점을 절대 소홀히 넘기지 말아야 한다. 수주 컨설팅을 진행하다 보면 사람들이 자기 회사의 장점과 핵심기술에 대해서는 자랑거리이기 때문에 눈감고도 잘 설명할 수 있을 정도이다. 발표자료도 어필할 수 있는 내용들로 가득 채워져 있다. 하지만 자기 회사의 약점이나 부족한 부분에 대해서는 준비가 제대로 되지 않은 경우가 많다. 문제에 대한 대처방안도 미흡하고 예상 답변도 제대로 준비가 되어 있지 않은 것이다.

그러다 보니 질의응답 시간에 어김없이 제동이 걸리고, 발표자는 당황한 모습을 보이게 된다. 철저한 준비가 되어 있지 않다 보니 핵심적인 답변을 하지 못하고 두루뭉술하게 넘어가게 된다. 반면에 자신의 취약점을 철저히 들여다보고 현실적인 대처방안을 미리 준비해 둔다면 회사의 꼼꼼한 대처능력을 알릴 좋은 기회로 활용할 수 있다.

둘째, 발주기관의 어려움을 언급하고, 자신을 선택했을 때 얻게 될 이점을 강조한다. 보통 발표나 질의응답 시간에는 이런 부분에 대한 언급이 소홀하기 쉽다. 대부분은 공식적이고 필수적인 내용 전달에 급급하기 때문이다. 사업을 진행하는 발주기관이 안고 있는 고민을 세세하게 언급함으로써 신뢰를 얻는 것이다. '우리는 여러분이 처한 상황을 정확하게 알고 있습니다. 우리를 선택하면 그 고민을 해결해 드릴 수 있고,

어려움을 함께하겠습니다.'는 식으로 다가간다.

프레젠테이션이라고 해서 단순히 우리가 할 수 있는 내용만 설명하는 것이 아니라, '우리는 이 일을 맡으면 당신들에게 이러이러한 혜택이 반드시 돌아가도록 하겠다.'는 식으로 접근해서 상호신뢰를 구축하는 게 중요하다.

딱딱한 경쟁 PT 현장을 말랑하게 만드는 3가지 기법

첫 오프닝을 아무리 부드럽고 유머러스하게 진행했다고 하더라도 일단 본론으로 들어가면 공사기간이 어떻고, 보유 기술을 어떻게 활용할 것이며 등등 설명이 이어지면서 금세 분위기가 딱딱해지기 쉽다. 입찰 프레젠테이션에서는 오프닝때의 부드러운 분위기를 끝까지 이어가는 게 중요하다. 딱딱해지기 쉬운 입찰 경쟁 PT 현장을 부드럽게 하기 위해 반드시 지켜야 하는 세 가지 기법을 소개한다.

1. 귀에 쏙쏙 들어오는 구어체와 쉬운 단어를 사용한다

입찰 PT 시나리오를 쓰다 보면 딱딱한 문어체로 써서 오는 경우가 의외로 많다. 시나리오도 일상대화를 하는 것처럼 쓰는 것이 중요하다. 문어체는 눈으로 읽을 때는 크게 거슬리지 않을지 모르지만 막상 귀로 들어 보면 딱딱하고 격식에 사로

잡힌 말투 때문에 매우 거슬린다.

구어체로 연습하고 실제로 발표하면 청중은 발표자가 자신에게 대화를 걸어오는 듯한 느낌을 받게 된다. 사람들은 일대일 대화 느낌을 받으면 발표 내용에 더 집중해서 듣게 된다. 쉬운 단어를 사용하는 것은 물론이다. 전문용어를 사용하는 건 어쩔 수 없지만 표현은 어려운 단어를 피하고 부드럽고 편안한 일상대화체로 이끌어 나가도록 한다.

2. 요점은 세 가지를 넘지 않도록 짧게 정리한다

흔히 핵심기술이나 장점에 대해 나열하다 보면 5가지, 7가지를 쉽게 넘긴다. 작은 것 하나라도 빠트리고 싶지 않은 발표자의 심리 때문이다. 하지만 사람의 뇌는 중요한 내용이라도 세 가지를 넘으면 기억하기가 쉽지 않게 되어 있다. 그러니 무리하게 의욕만 앞세우지 말고 핵심 내용을 세 가지로 정리해서 전달하도록 해보자. 작은 장점들은 큰 장점 세 가지 안에 넣으면 된다.

3. 반복해서 강조한다

중요 키워드는 되도록 자주 언급하는 게 좋다. 핵심 키워드를 발표하면서 중간 중간 반복해서 말하는 것이다. 발표하는 측은 자기 회사가 보유한 기술에 대해 잘 알고 있지만 듣는 사람에게는 계속 강조해 주는 게 효과적이다. 프레젠테이션 페이지 중에서도 확실하게 어필하고 싶은 핵심 페이지가 있다. 거기에서 중요 단어는 수시로 반복해 말함으로써 면접관 기억 속에 콕콕 박히도록 하자.

효과적인 프레젠테이션은 A-B-A 구조로 전달하는 게 좋다. 초반에 자신의 강점을 어필하고 중간에 내용 전달, 그리고 마무리 때 한 번 더 강점을 되풀이해서 어필하는 것이다. 그렇게 하면 당신이 반복해서 강조한 핵심 키워드와 중요 내용이 면접관들의 뇌리에 남게 될 것이다.

입찰 프레젠테이션이라고 너무 무겁게 생각하지 않는 게 관건이다. 핵심을 뽑아 간략하게, 발표 어투는 최대한 자연스럽게 하도록 하자. 이러한 노하우를 실제로 활용하면서 조금씩 발전해 나가는 것이 중요하다.

이렇게 한 단계씩 경험을 쌓아 나가다 보면 여러분도 어느새 프레젠테이션의 달인이 되어 있을 것이다.

이솔귤

다양한 경력의 방송인으로 스피치 아우라 대표. (주)예당 디엔피 방송기획 팀장.
방송 MC와 리포터로 활동. 홈쇼핑 전문게스트, 쇼 호스트로 활동. 국내 기업과 공
공기관, 학교 등에서 스피치, 조직 활성화, 셀프리더십, 진로 설계 등 다양한 강의
를 진행하고 있다.

7장

누구에게나 열려 있는
미디어 스피치

☆

1인 방송

+ 이솜귤 +

잘 나가는
1인 미디어 스피치의 비밀

우리나라 국민 10명 가운데 9명이 스마트폰을 사용하고 있다는 통계가 있다. 그리고 스마트폰 사용시간 중 70%는 SNS에 할애하고 있다고 한다. 이렇게 스마트폰이 대중화 되고 미디어 활용에 대한 규제가 줄어들면서 '공유' '참여' '개방'으로 축약되는 1인 미디어는 급속도로 확산되고 있다.

몇 년 전까지만 해도 1인 미디어는 일반인들이 취미로 하는 것이란 인식이 강했다. 하지만 지금은 1인 미디어(VJ, 유튜브 크리에이터, 스트리머)는 인기만 있으면 고수입을 올릴 수 있는 직업으로 자리잡았다. 이 시대 새로운 아이콘인 1인 미디어 크리에이터들은 도대체 어떤 매력을 가지고 있기에 많은 사람들이 열광할까? 그리고 그들은 어떤 스피치의 비밀을 가지고 있는 것일까?

나만의 진정성으로
어필하라

국내 인기 애플리케이션 4곳의 사용시간을 앱 조사기관인 와이즈앱에서 조사한 결과 유튜브가 월 사용시간 257억 분으로 1위를 차지했다. 요즘에는 많은 사람들이 TV보다 스마트폰으로 동영상을 본다는 말이다. TV가 '함께 보는 문화'라면 1인 미디어는 '혼자 보는 문화'이다. 그렇기 때문에 시청자들과 함께 소통하는 느낌을 주는 것이 무엇보다 중요하다. 국내의 잘 나가는 1인 미디어 크리에이터들은 무엇보다 댓글 공감 및 리액션을 통한 소통을 활발히 하며 자신만의 '진정성'을 어필한다.

TV에 나오는 연예인들은 실수하는 모습, 보기 어색한 모습을 거의 보여주지 않는다. 보다 예쁘고 멋지게 포장한 모습만 시청자들에게 보여주는 것이다. 한마디로 잘 짜인 각본에 의해 움직인다. 실수하면 안 되기 때문이다. 하지만 1인 미디어는 '우린 평범하다.' '방송을 보는 시청자들과 다르지 않다.'는 점을 내세워 시청자의 공감을 더 불러일으킨다.

이들은 무엇보다 시선처리와 말투가 자연스럽고, 자막으로 친절하게 설명해 주고, 꾸밈없이 카메라와 하나가 된다. 그리고 무엇보다 준비한 내용을 실수하더라도 그대로 보여준다. 시청자들은 TV에서 멋진 캐릭터들의 NG 장면을 보면서 더 마음을 연다. 그렇더라고 '연예인은 우리와 달라.'라는 인식을 완전히 벗어나기는 힘들게 돼 있다. 하지만 1인 미디어는 다르다. 평범하지만 유익한 콘텐츠로 마음을 사로잡을 때, 방송 진행자가 꾸밈 없는 매력으로 어필할 때 사람들은 구독 버튼을 누른다.

특히 시청자들의 마음을 많이 사로잡는 크리에이터들을 보면 다른 누군가를 따라하는 식이 아닌 자신만의 매력으로 어필하며 방송을 하고 있다. 그 무엇보다 진정성이 답이라는 이야기이다.

나도 처음 방송을 시작했을 때 당시 유명했던 누군가를 따라하려고 했다. 하지만 그건 진정한 나의 모습이 아니라는 걸 금방 깨달았다. 내 몸에 맞지 않은 옷을 입은 것처럼 불편했던 것이다. 그러니 방송이 잘 나올 수 없었다. 결국 남의 것은 과감히 벗어던지고 진정성 있는 나의 본 모습을 있는 그대로 표현하기로 했다. 그렇게 하자 방송 진행을 더 잘한다는 소리를 듣게 되었고, 스스로도 방송 자체를 즐길 수 있게 되었다. 누군가를 흉내 내는 것보다 더 중요한 것은 시청자들에게 솔직 담백한 자신의 모습을 진정성 있게 보여주는 것이다.

1인 미디어의 소재는 게임, 음악, 요리, 뷰티, 외국어, 애견, 만들기 등 일상의 모든 것들이다. 이런 소재가 자리 잡게 된 이유는 진행자들이 가장 잘할 수 있는 강점을 찾아 그 강점을 최대로 끌어올렸기 때문이다. 사람은 누구나 남들보다 자신이 더 잘할 수 있는 '달란트', 다시 말해 각자의 자질을 갖고 있다. 그것을 잘 찾아내 내세우는 것이 1인 미디어에서 본인만의 자신감을 보여줄 수 있는 최고의 콘텐츠이다.

자신감으로 나를 팔아라

잘 알면 자신감이 생긴다. 그리고 그 자신감은 방송을 보는 시청자들로 하여금 신뢰를 갖게 하고, 확신을 갖고 보게 만든다. 나만이 가질 수 있는 전문 분야에서든, 내 일상을 표현하는 부분에서든, 배워나가고 실수하는 모습에서든, 도전하는 분야에서든 당당하게 이끌고 나가는 것이 중요하다.

그렇다면 그러한 자신감은 어디에서 나타날까? 바로 표정, 제스처, 그리고 목소리이다. 1인 미디어 스피치는 바로 이 부분에서 방송 스피치와 연결된다.

많은 구독자가 있는 유튜버로 유명한 남자들 중에 '대도서관'과 '밴쯔'가 있다. 이들의 목소리는 낮고 굵다. 거기에 정확한 발음으로 내용 전달이 너무나 잘 이루어진다. 그리고 말투에서 자신감이 배어난다. 여자 유튜버 가운데서는 '김이브' '이사배' 등이 유명한데, 목소리 톤이 살짝 높긴 해도 자신감이 찬 목소리로 시청자와 소통하며 방송을 진행한다. '캐리와 장난감 친구들'의 경우엔 유아 눈높이에 맞춘 높은 톤과 적극적 제스처, 다양한 표정으로 유아 시청자들을 사로잡고 있다.

쇼 호스트와 강사로 활동하는 나 역시 방송과 강의에서 가장 중요한 부분은 자신감이라고 생각한다. 자신감 없이는 소비자를 설득시킬 수도 강의 내용을 효과적으로 전달할 수도 없다. '자신감'은 진정성을 바탕으로 나올 수 있는 비언어와 언어적 표현을 동시에 아우를 수 있는 매우 중요한 요소이다. 방송을 하는 이유, 1인 미디어를 하는 가장 큰 이유는 결국 나를 알리고 다른 사람과 소통하기 위해서이다. 카메라를 통해 나의 아우라를 자신감 있게 뿜어 낼 수 있어야 한다. 그래야 시청자들에게 내가 전하는 메시지가 명확하게 전달된다.

인기 있는 1인 미디어 스타의 구독자수를 검색해 봤다. 2018년 5월 말을 기준으로 밴쯔 구독자수 240만 명, 보겸 구독자 수 220만 명, 대도서관과 이사배는 구독자수 170만 명,

청소년들에게 요즘 대세인 '뜨뜨뜨뜨'도 1년여 만에 70만 명 돌파. 유명 연예인이라고 해도 이들의 구독자 수를 따라가기란 쉽지 않아 보인다. 구독자 수가 많고 클릭수가 높다는 것은 그만큼 수입도 어마어마하다는 말이다. 200만 명이 넘는 구독자 수를 보유하고 있는 그들은 처음부터 구독자 수가 이렇게 많았을까?

뭐니 뭐니 해도
방송의 생명은
꾸준함이다

이처럼 핫한 1인 미디어들도 처음부터 구독자 수가 많지는 않았다. 구독자 수가 많아지게 된 비결은 뭐니 해도 꾸준한 영상 올리기를 통한 방송 노출에 있다. 2018년 6월 3일을 기준으로 보겸 동영상 7,959편(유투브 2014.8 오픈), 대도서관 동영상 6,425편(유투브 2010.5 오픈), 도티 동영상 2,966편(유투브 2012.7 오픈), 김이브 동영상 2,336편(유투브 2014.6 오픈), 밴쯔 동영상 1,747편(유투브 2013.7 오픈), 캐리앤토이즈 동영상 1,482편(유투브 2014.8 오픈). 하나같이 올린 동영상이 1,000편을 넘는다. 3년 이상 꾸준한 영상 올리기를 한 결과이다.

1인 미디어는 파워 블로그 만들기와 유사하다고 할 수 있다. 블로그의 경우 매일 매일 1~2편의 글 올리기를 통해 자신만의 콘텐츠를 쌓아가고, 검색에 노출되게 만드는 것이 가장 중요하다. 1인 미디어 역시 같다. 이런 꾸준한 영상 올리기는 시청자들에게 친근함과 신뢰감을 준다. 몇 번 하다 사라지는 것이 아니고, 기분에 따라 하다 안 하다를 반복하는 게 아니라 찾아 들어가면 항상 그 자리에 있다는 믿음을 시청자들은 원한다.

스마트폰은 누구나 언제 어디서든지 쉽게 바로바로 볼 수 있는 장점이 있다. 방송 불가인 내용과 유머도 편하게 방송이 가능하고 누구나 제약 없이 만들 수 있다. 이런 스마트폰 덕분에 1인 미디어의 몸집 불리기는 계속되고 있다. 1인 미디어를 꿈꾼다면 꾸준한 영상 올리기는 필수이다. 꾸준함은 시청자들에게 친근함을 주고 구독을 유도하는 데 가장 중요한 요소이다. 그 결과 꾸준한 방송노출로 인한 수입까지 올릴 수 있게 되는 것이다.

나는 방송하고 강의를 하면서도 초반에는 SNS나 1인 미디어에 대해 관심이 없었다. 제일 먼저 트렌드에 발 빠르게 앞서가야 하는 분야인데도 불구하고 그러질 못했다. 언제부터인지 항상 정보가 늦고 사람들과의 대화에 적응하기도 힘들었다. 친한 사람들이 SNS 하라며 추천해도 나와는 맞지 않는다며 배척했다.

그러다 어느 순간 생각이 달라지기 시작했다. 방송인으로서 나의 이름을 건 콘텐츠와 방송을 만들고 싶어진 것이다. 그래서 1인 미디어에 관심을 가지고, 유투브 채널을 개설하게 되었다. 나로서는 대단한 용기와 변화였다. 그리고 차근차근 진행했다. 처음에는 스마트폰으로 동영상을 찍고 편집 어플을 이용해서 편집을 했다. 그렇게 시작은 미약했지만 꾸준히 하니 발전하는 것이 눈에 보였다.

이렇게 1인 미디어를 시작하고 나서부터 내 삶에는 아주 큰 변화가 생기기 시작했다. 1인 미디어를 통해 새로운 정보를 얻고 공부하면서 삶의 질이 눈에 띄게 좋아지는 것을 느꼈다. 또한 그 과정에서 알게 된 사람들과 서로 고민을 나누고 소통해 나가면서 또 다른 인간관계가 생기기 시작했다. 새로운 친구들을 통해 새로운 콘텐츠의 일도 하게 되었다. 서로의 기쁨과 슬픔을 함께 나누기도 하지만 그들을 통해 자극도 받았다. 그렇게 스스로를 독려하며 발전시켜 나가게 된 것이다.

예전에는 많은 이들이 남 앞에 나서지 않고 조용히 있는 것을 미덕이라 생각했다. 하지만 요즘에는 '나'를 만들어 가고, '나'를 표현하는 것이 당연하다고 생각한다. 지금 우리 주위에는 1인 미디어를 준비하고 실제로 하고 있는 많은 이들이 있다. 구독자수 클릭 수에 연연하지 않고 꾸준히 영상을 올리는 사람들도 많다. 당신이 할까 말까를 머뭇거리고 있는 사이에 누군가는 이미 현장에 뛰어들어 엄청난 성장과 발전을 하고 있는 것이다.

분명 잘 나가는 1인 미디어 스피치엔 비밀이 있다. 하지만 그 비밀은 터득하기 어려운 것이 아니다. 진정성과 솔직함, 그리고 자신감이면 충분하다. 1인 미디어 스피치의 가장 큰 비밀은 바로 나다움을 찾는 것이라고 할 수 있다. 남 앞에 서는 것에 두려움이 있다고, 스피치를 잘 못한다고 해서 1인 미디어로서 성장할 수 있는 기회를 놓치지 않기 바란다.

기회는 누구에게나 열려 있다.

2

카메라에 나의 아우라를 디자인하라

  자신만의 독특한 분위기를 지니고 있는 사람을 가리켜 아우라가 있다고 한다. 특별한 매력을 지닌 사람이라는 의미이다. 대중을 상대로 하는 직업을 가진 사람들을 보면 일반인들에 비해 매력지수가 월등히 높다는 것을 알 수 있다. 1인 미디어도 대중을 상대로 하는 방송이기 때문에 자신만의 매력을 어필하며 시청자와 소통하는 사람들이 빨리 성장한다.

  무엇보다 자신만의 매력을 카메라에 잘 표현할 수 있어야 한다. 방송은 눈에 보이는 부분이 귀로 들리는 부분 못지않게 중요하다. 카메라 앞에서 나를 잘 표현한다는 것은 나의 외모뿐만 아니라 몸짓, 표정, 의상을 시청자가 매력을 느끼도록 만든다는 뜻이다.

스피치 이론인 메라비언의 법칙The Law of Mehrabian에 따르면 호감과 비호감을 결정하는 3요소는 시각, 청각, 내용이라고 한다. 그 가운데서 시각 요소가 55%, 청각 요소가 38%, 내용 요소가 7%의 영향력을 차지하는데, 시각 요소는 표정, 태도, 몸짓 등을 말한다. 스피치 강의를 할 때 이런 비非언어 스피치 분야를 가장 먼저 강조하는 것도 이런 이유 때문이다.

하나의 예로 스피치 수업 때 수강생들에게 동작 있는 기상 캐스터와 동작 없는 기상 캐스터의 영상을 비교해서 보여준다. 수강생들은 동작 있는 기상 캐스터의 전달력이 월등히 앞선다는 사실을 금방 알게 된다. 이처럼 말만 전달하는 것보다 말과 제스처를 함께 전달하는 것이 시청자들의 이해력을 높이는 데 중요한 요소가 된다. 아울러 전달자가 하는 제스처는 시청자들에 대한 배려와 신뢰감으로 연결된다.

비언어 분야 매력을
총동원하라

1인 미디어에서 비언어 스피치는 크게 신체 언어와 비주얼 언어의 두 분야로 나눌 수 있다. 신체 언어는 자세와 몸짓, 얼굴 표정, 제스처 등 자신의 몸으로 표현할 수 있는 언어를 말한다. 그리고 비주얼 언어는 외모와 함께 의상, 장신구 등 신체 언어를 더 돋보이게 만들어 주는 것들이라고 할 수 있다.

예를 들어 정장을 입고 나가면 운동복을 입고 나갈 때와 마음가짐과 태도, 그리고 쓰는 언어까지 달라지는 것을 느낀 적이 있을 것이다. 자신이 어떤 옷을 입고, 어떻게 꾸미느냐 하는 비주얼적인 요소 때문에 스스로 사용하는 신체 언어까지 달라지는 것이다. 남에게 호감을 주는 신체 언어를 반복적으로 써서 습관화 시킨다면 그 사람의 매력지수도 따라서 올라가게 된다.

1인 미디어 방송을 하면 비주얼 언어와 신체 언어를 카메라에 어떻게 담아낼 것인지에 대해서 끊임없이 고민해야 한다. 그렇게 해서 자신만의 아우라를 낼 수 있어야 한다. 그러기 위해서는 비주얼 언어를 먼저 자신의 방송 콘셉트에 맞게 가져가도록 하는 것이 중요하다.

예를 들어 뷰티 방송을 하는 크리에이터의 경우에는 생얼로 시작해서 변화되는 모습을 시청자들에게 보여주는 게 효과적일 수 있다. 그러다 보면 얼굴로 클로즈업이 되어 있어 의상에는 별 신경을 안 써도 될 것 같지만, 이왕이면 깨끗한 느낌을 주고 메이크업에 집중하게 하기 위해 목선이 훤히 보이는 의상을 하는 것이 바람직하다.

인기 유튜버인 대도서관이나 보겸의 경우 트레이닝복 차림으로 방송을 진행하는 경우도 많다. 때에 따라 여러 가지 소품을 사용하기도 하는데, 방송 콘셉트에 맞다면 이처럼 편안한 의상도 무방하다. 그날그날 콘셉트에 맞게 의상을 갖춰 입고 모자 등의 소품을 쓰는 것도 바람직하다. 의상과 소품은 스토리를 만들어 주며, 나아가서 유행을 창조할 수도 있다.

콘셉트에 따른 비주얼 요소를 정했다면 카메라 촬영 때 자유로운 신체 언어를 사용한다. 딱딱하고 경직된 신체 언어보다 자연스럽게 하는 것이 중요하다. 얼굴만 클로즈업이 될 경우에는 눈빛과 입술 등의 표정을 다양하게 쓰기 위해 연구한다. 자연스럽고 반복적인 행동은 그 사람의 이미지를 결정할 수 있다. 키보드를 만진다든지 일어섰다 앉았다를 반복하든지 하는 지극히 평범해 보이지만 반복적인 행동을 통해서 내가 보여주고자 하는 이미지를 만들어 갈 수 있다.

방송 콘셉트에 맞는 비언어 스피치 부분을 신경 써야 한다는 것은 아무리 강조해도 지나침이 없다. 1인 미디어 방송은 누구를 대상으로 어떤 콘텐츠를 내세울 것인지 확실하게 정해야 한다. 그 대상에 따라 비언어 스피치가 달라질 수 있기 때문이다.

나이별로 유아나 초등학생을 대상으로 할 때는 표정 변화와 제스처를 약간 오버하는 게 필수이다. 중고등학생을 대상으로 하는 경우에는 거침없는 입담, 행동도 거침없어야 아이들의 시선을 끌며 공감을 불러일으킬 수 있다. 성인을 대상으로 하는 경우에는 자신의 취향에 따라 하고 싶은 내용을 선택한다. 자신만의 매력을 앞세워 자신이 하고 싶은 콘텐츠를 방송하는 것이다. 그러다 취향이 맞는 시청자가 생기면 골수팬까지도 바라볼 수 있다.

중요한 것은 처음부터 콘셉트를 확실하게 정하고, 그 길로 흔들림 없이 나아가는 것이다. 대상 범위를 너무 넓게 잡고 여기저기 기웃거리면 안 된다. 하나의 콘셉트를 정해 방송을 진행하다가 구독자 수가 많이 생기면 그때 카테고리를 하나씩 늘려가도 괜찮다. 게임 방송을 진행하다가도 인기가 있으면 맛집 탐방을 추가로 진행할 수 있다.

TV 홈쇼핑은 시청자의 반응이 매우 빨리 나타나는 방송이다. 방송을 잘하는 베테랑 쇼 호스트인 정윤정, 나수진씨의 경우는 비언어적인 부분으로 얼마나 많은 매력을 어필할 수 있는지 잘 보여 준다.

그녀들은 카메라를 고객으로 생각하고 자기 바로 앞에 고객이 있는 것처럼 방송을 진행한다. 진지한 눈빛으로 설명하면서 표정을 자유자재로 바꾼다. 상품을 보여줄 때도 강조하는 부분에서는 손과 팔을 거리낌 없이 사용한다. 베테랑 쇼 호스트들은 방송을 진행할 때 잠시도 가만히 있지 않는다. 그러면서 다양한 각도에서 상품을 보여주기 위해 애를 쓴다.

하지만 초보 쇼 호스트들은 제스처에 한계를 보인다. 한 동작만 연속으로 되풀이하는 등 다양성을 보여주지 못한다. 진행자가 이처럼 다양한 제스처를 사용하는 이유는 고객의 관점에서 궁금증을 갖도록 유도하기 위해서이다. 다양한 제스처를 통해 고객이 궁금증을 갖도록 만들고, 그 궁금증을 해소시켜 주기도 한다.

이렇게 하면 시청자는 쇼 호스트의 말에 신뢰를 갖게 된다. 결과적으로 시청자는 구매 욕망이 일으나고 구매 버튼을 누르게 된다. 이런 진행자는 말로써 상대방을 설득하는 강점도 갖고 있지만, 거기에다 비언어적인 신체 언어가 한 몫 한다. 비언어적인 제스처를 통해 카메라 앞에서 자신의 매력과 상품의 매력을 동시에 어필하며 시청자의 구매 욕구를 자극하는 것이다. 카메라 앞에서 다른 사람들과 차별되는 자신만의 아우라를 디자인 해나가는 것은 이처럼 중요하다.

롤 모델 모방하기부터
시작한다

카메라 앞에서 자신의 아우라를 디자인한다는 것! 어렵게 느껴지겠지만 실상은 그렇지 않다. '처음인데, 내가 뭘 알아.' '나도 해봤는데, 쉽지 않아.' 등의 생각이 들겠지만 이런 생각으로 시간만 죽이다가는 아무것도 이룰 수가 없다. 그 시간에 동영상을 한 번이라도 더 보고 남이 진행하는 프로그램을 모니터링 하는 것이 중요하다. 모니터링을 통해 자신의 스타일과 실력을 조금씩 바꾸고 발전시켜 나가다 보면 나만의 스타일을 만들 수 있다.

카메라에 어떤 아우라를 담아야 할지 막연하기만 하다면 우선 롤 모델을 한 명 정하라고 권하고 싶다. 그런 다음 그 롤 모델을 무작정 따라해 보는 것이다. 아나운서나 쇼 호스트를 준비하는 친구들에게 우선 '3무'를 실천하라는 말을 자주 해준다. 무조건, 무작정, 무식하게 남을 따라해 보라는 말이다.

처음부터 창조하는 것은 힘들다. 하지만 모방을 하다 보면 자신만의 아우라를 찾아 나갈 수 있다. '1인 미디어를 하고 싶은데.' 라는 생각을 하는 사람, 1인 미디어를 하고 싶은데 자신만의 콘셉트를 못 찾겠다는 사람, 현재 방송을 하고 있지만 클릭 수와 구독자 수가 도무지 늘지 않는다고 고민인 사람들에게 권한다. 일단 아우라가 넘치는 롤 모델을 찾아 그들의 방송을 따라해 보라! 그러다 보면 자신의 아우라를 찾게 될 것이다. 그런 식으로 하나씩 노하우를 쌓아가면 머지않아 카메라에 자신만의 아우라를 디자인할 수 있게 될 것이다.

클릭 수 높이는
목소리 톤 만들기

　아나운서나 강사, 쇼 호스트 등 말을 주무기로 하는 직업을 가진 사람들은 자신만의 목소리를 찾아 정확하게 의미를 전달하는 게 무엇보다 중요하다. 내용은 좋은데 발음이 정확하지 않거나 너무 빠르고, 톤 조절이 불안하거나 호흡이 너무 거칠면 정확한 의미가 상대방에게 전달되기 힘들다. 그래서 스피치 연습의 시작은 '나의 보이스' 찾기로 시작된다. 1인 미디어도 예외는 아니다.

　잘나가는 1인 미디어 스타들은 대부분 좋은 목소리와 좋은 발음을 갖고 있다. 거기다 목소리 톤과 속도를 자유자재로 바꿔 가면서 방송을 진행한다. 시청자들의 반응 정도에 따라,

그리고 전달할 내용에 따라 적절한 보이스 톤으로 바꿔 가면서 방송을 하니 호소력과 집중력이 돋보일 수밖에 없다.

물론 이들도 방송을 처음 시작했을 때는 그렇지 못했을 것이다. 방송을 진행하면서 자신의 목소리 톤을 찾기 위해 꾸준히 노력한 결과 지금과 같은 수준에 이르게 되었을 것이다. 많은 연습을 통해서 자신만의 개성 있는 목소리 톤을 찾게 되고, 그러면서 구독자 수가 꾸준히 늘어났을 것이다. 최고 수준에 이른 진행자들이 구사하는 자유롭고 편안한 진행은 꾸준한 노력으로 얻어지는 선물이다.

자신이 원하는
목소리 톤을 만든다

아나운서 아카데미와 쇼 호스트 아카데미 기초반 수업에서 제일 먼저 신경 쓰는 부분도 바로 이 보이스 트레이닝이다. 학생들이 발성 훈련을 통해 자신만의 목소리를 찾도록 만드는 것이다. 아나운서나 쇼 호스트가 되고 싶어 하는 친구들에게 나는 자신이 아나운서나 쇼 호스트가 되었다고 생각하라고 주문한다. 말과 행동을 아나운서처럼 하라는 것이다. 처음부터 좋은 목소리를 가지고 태어나는 사람도 있기는 하다. 하지만 그렇지 않은 사람은 꾸준한 노력을 통해 좋은 목소리 톤을 만들어 나가야 한다. 그러려면 자신이 이미 아나운서이고, 쇼 호스트가 되었다는 생각으로 말하고 행동하면서 스스로를 변화시켜 나가도록 한다. 그리고 그런 습관을 자신의 것으로 정착시켜야 한다.

많은 사람들에게 공감을 불러일으키는 목소리, 클릭 수를 높여 주는 목소리 톤을 만들기 위한 방법으로 나는 닮고 싶은 사람 스피치 따라하기를 추천한다. 먼저 자신이 닮고 싶은 사람이 말하는 것을 3~5분 정도 녹음한다. 그 다음에는 녹음한 내용을 수십 번 반복해서 듣는다. 그리고 녹음 내용을 노트에 적은 다음 그 사람과 똑같이 따라해 본다. 자신이 한 스피치를 녹음해서 듣고, 수정하고 싶은 부분은 표시해서 다시 연습한다. 이런 과정을 반복하다 보면 어느 순간 자신이 따라 하고 싶은 목소리 톤을 가질 수 있게 될 것이다.

자신만의 보이스 톤을 찾은 다음에는 방송 콘텐츠에 맞는 보이스 디테일에 초점을 맞추도록 한다. 예를 들어 방송 진행자가 뉴스를 진행할 때와 예능 프로그램을 진행할 때의 느낌과 말투는 확연히 다르다. 홈쇼핑을 진행하는 쇼 호스트도 패션, 주방용품, 여행, 식품 등 품목에 따라 진행할 때의 말투가 각각 다르다. 때와 장소에 따라 옷을 맞춰 입는 것처럼 방송 말투도 마찬가지다. 콘텐츠 카테고리에 맞게 자신의 말투, 다시 말해 보이스 디테일에 변화를 주어야 하는 것이다.

목소리 따라하기 연습방법

1. 원하는 1인 미디어 스타를 선택한다.

2. 5분~10분짜리 연습 동영상을 선택한다.

3. 시청한 동영상을 바탕으로 내용만 정리하여 스스로 동영상을 촬영한다. (촬영 후 당장 보지 않도록 한다.)

4. 연습 동영상에서 1인 미디어 스타의 멘트를 그대로 따라 적는다.

5. 멘트에 맞춰 그들이 하는 리액션도 표시한다.

6. 똑같은 상황을 설정하여 카메라 없이 따라한다.(익숙해질 때까지 연습한다.)

7. 카메라를 준비하여 영상을 촬영한다.

8. 3번 촬영 동영상과 7번 촬영 동영상을 비교해서 본다.

＊ 8번 모니터링 때 주의할 점

3번 촬영 동영상에서는 나만의 말투를 찾는 게 목적이고, 7번 촬영 동영상에서는 시청자 입장에서 보이는 부분, 다시 말해 전달력을 체크한다.

방송 카테고리 별로
보이스 톤을 찾는다

예를 들어 뷰티 방송을 진행할 때는 말투를 화려하게 가져갈 필요가 없다. 자신의 보이스를 있는 그대로 쓰되 친절하고 여성스러운 말투를 쓰도록 한다. 진행하는 내용에 맞춰 섹시 버전, 청순 버전 등 다양하게 시도해 본다면 시청자들 입장에서는 지루하지 않게 방송을 시청할 수 있어서 좋다. 방송 진행자의 제스처를 시청자들이 따라하는 경우가 많다. 따라서 친절하게 동작 하나하나를 설명해 주면서 왜 그렇게 표현하는지 구체적인 정보가 함께 들어가면 좋다.

게임 방송 진행 때는 상황을 설정해서 재미있게 진행하는 경우가 많다. 처음에 상황설정이 힘들면 자신이 하는 게임의 진행 상황을 그대로 말로 표현해 보는 연습을 해보도록 한다. 유행어와 자신이 생각해 둔 타깃에 맞는 '급식체'를 사용하는 것도 방법이다. 급식체는 급식 세대, 다시 말해 요즘 초중고생들이 쓰는 은어를 가리킨다.

키즈 방송을 진행한다면 1세~7세까지 아우를 수 있는 '아이 같은 말투'가 필수이다. 말투에 맞춰 제스처도 크게 한다. 와, 진짜, 정말, 아잉~~ 같은 감탄사도 자주 사용해 주고 종결어미를 꼭 올려서 말하도록 하고 경음을 많이 쓰는 연습도

한다. (~~했죠?↑ 좋겠따↑)

먹방을 진행한다면 자신의 성격에 맞는 말투를 사용하면 된다. 뭐니 뭐니 해도 음식을 어마어마하게 많이 먹는 모습을 보여주는 게 제일 중요하다. 그러면서도 음식의 내용이나 맛, 그리고 색감, 음식의 유래, 식당 이야기 등등 다양한 소재로 방송을 이끌어 나가도록 한다.

재미와 개성을 돋보이게 하는 묘사

어떤 분야이건 간에 방송 콘텐츠가 일단 재미있으면 구독자수는 늘어난다. 같은 이야기라도 묘사를 재미있게 잘하면 시청자들이 이해하기 쉬워 공감지수도 높아진다. 묘사는 상황 묘사, 감정 묘사, 상품 묘사 등으로 구분할 수 있다. 묘사는 무엇보다 구체적이어야 하고, 초등학생도 이해할 수 있게 쉬운 단어로 한다.

예를 들어 앞에 놓인 수박을 설명한다고 가정해 보자.

첫째, 눈에 보이는 대로 상품 묘사를 하는 경우이다. "녹색에 검정색 줄무늬가 있는 여름에 먹는 시원한 수박이 있습니다."라는 식으로 이야기하는 것이다. 틀린 묘사는 아니다. 하지만 이런 식으로 해서는 재미가 없다. 물론 처음 하는 진행자는 이 정도 설명도 하기가 쉽지 않을 것이다.

둘째, 상품 묘사에다 상황 묘사와 감정 묘사를 곁들이는 것이다. "오늘 진짜 덥지 않아요? 완전 폭염! 폭염! 이렇게 더울 땐 시원한 게 땡기죠. 아이스 아메리카노는 이미 마셨고, 건강을 위해 수박 먹어 볼까요? 여름엔 그래도 수박이 제일이지! 제 앞에 녹색에 검정 줄무늬가 매력적인 반을 딱 쪼개면 섹시한 빨강색의 반전이 있는 수박이 있습니다. 통째로 먹어 보겠습니다. 와! 진짜 시원해. 그런데 아시죠? 수박이 과일이 아니라 채소래요! 완전 반전 아니에요? 이번엔 수박 주스로 만들어 볼까요? 빨간색 알맹이만 믹써기에 넣고 얼음이랑 돌려주면 설탕 안 넣어도 되겠어!"

이런 식으로 상황 묘사와 감정 묘사가 같이 들어가면 훨씬 재미있고 시청자와 대화하는 듯한 스피치가 가능해진다. 지금 앞에 놓인 휴대폰이나 물컵 같은 물건을 보고 즉흥적으로 상품 묘사부터 해보자. 더 나아가 상황을 만들어 감정을 곁들여 묘사해 보는 연습을 하도록 추천한다.

클릭 수를 높이는 보이스 톤은 이처럼 많은 훈련을 통해서 만들어 갈 수 있다. 내 보이스의 느낌이 어떤지 먼저 알고, 내 목소리를 녹음해서 들어 보고, 그 다음 주위 사람들로부터 피드백을 얻는 것이 훌륭한 준비과정이 된다. 거기에다 방송에 맞는 목소리 톤을 자유롭게 구사하면서 보이스의 디테일과 다양성을 살려 나가도록 한다. 생동감 있는 묘사가 추가된다면 시청자들의 클릭수를 높이는 것은 시간문제일 것이다. 스스로 많은 영상을 찍어서 분석하고 비교해서 자신의 보이스 톤을 찾아나가도 좋고, 전문가의 피드백을 받으며 시간을 단축시키는 것도 좋은 방법이다.

시청자의 마음을 여는
공감의 기술

　누군가와 대화를 나누면서 어쩐지 잘 통한다는 느낌을 받는 때가 있을 것이다. 계속 대화하고 싶게 만드는 사람, 그리고 대화가 춤추는 것처럼 부드럽게 흘러간다는 느낌을 받을 때를 잘 살펴보면 공통점이 있다. 바로 상대방이 내 이야기에 격한 공감을 해준다는 것이다. 대화를 잘하는 사람, 말을 잘하는 사람은 결국 자기 말을 많이 하는 사람이 아니라 상대방의 이야기에 공감을 잘해 주는 사람이다.

　1인 미디어 방송을 하는 사람도 마찬가지다. 일방적으로 자신의 말만 주구장창 한다고 해서 시청자들이 마음을 열고 구독 버튼을 쑥쑥 누르지는 않는다. 결국 시청자의 마음을 얻어야 하는데, 그 마음을 얻기 위해서는 시청자가 원하는 말, 듣고 싶어 하는 말을 해주어야 한다. 그리고 시청자의 반응에 공감해 주는 노력이 중요하다. 공감을 통해 시청자들은 진행자, 나아가 상품과 강한 유대감을 느낀다. 그렇게 해서 골수 팬이 될 수도 있다.

공감 능력이 탁월한 방송인으로 누구보다 미국의 토크쇼 여왕 오프라 윈프리Oprah Winfrey를 먼저 꼽을 수 있다. 그녀는 20년 넘게 낮 시간대 TV 토크쇼 1위를 고수해 왔을 정도로 미국인들이 가장 좋아하는 TV 방송인 가운데 한 명이다. 그녀의 최고 강점은 자신의 쇼에 출연한 초대 손님들에게 확실한 공감을 보여 주는 것이다. 그녀는 출연자들이 겪은 이야기를 자신의 일처럼 여기고 진정성 있게 다가간다. 출연자들은 어느 순간 그녀에게 마음을 열고 내면의 이야기를 솔직하게 털어놓게 된다. 결국에는 방송을 보는 시청자들의 마음도 함께 열리는 것이다.

텔레비전 방송에서는 진행자가 실시간으로 반응을 체크하고 그에 대해 언급할 수 없지만 1인 미디어는 그것이 가능하다. 1인 미디어를 찾는 시청자들이 증가하는 이유 가운데 하나가 바로 자신을 드러내지 않고도 방송을 하는 사람과 곧바로 소통할 수 있기 때문일 것이다. 1인 미디어가 누리는 시간, 공간의 자유성 덕분이기도 하다. 누군가가 말 못할 고민을 털어놓을 때, 진심으로 그 말에 공감해 주고, 해결책을 제시해 준다면 그걸 보는 시청자의 마음도 함께 열리는 것이다.

방송에서 단번에 인기를 끌기 위해 시청자의 말초적인 감정을 건드리려는 경우가 있는데 그런 방법은 오래갈 수 없다. 시청자 개개인의 사정에 관심을 가지고 진정성 있게 다가가고 공감해 주는 것이 장수하는 방송의 첫째 비결이다.

공감을 어떻게
표현할 것인가

시청자와 공감을 나눌 마음이 준비가 되었다면 그것을 적절하게 표현할 방법을 찾는 것이 중요하다. 직접 만나서 대화를 한다면 마음을 전달하기가 한결 쉬울 것이다. 하지만 방송은 자신이 모르는 불특정 다수의 시청자를 대상으로 한다는 어려움이 있다. 사람의 마음을 얻는 공감의 기술에는 눈 마주치기, 고개를 끄덕이면서 반응해 주기, 맞장구쳐 주기, 감탄사로 대꾸하기 등이 있을 것이다. 방송도 이런 부분들에 신경을 쓰는 식으로 진행하면 된다.

우선 카메라를 시청자라고 생각하고 눈을 마주치도록 한다. 댓글을 읽거나 게임을 진행하고, 메이크업이나 요리를 하는 등의 특별한 상황이 아니면 카메라와 눈을 마주치면서 방송을 진행하도록 한다. 그렇게 하면 시청자들은 진행자와 함께 대화를 나누면서 그 상황을 함께 즐기고 있다는 느낌을 받게 된다. 이처럼 어느 일방이 아니라 시청자가 진행자와 시간을 함께 보낸다는 생각이 들 때 사람들의 마음이 움직인다. 그렇다고 카메라만 부담스럽게 뚫어져라 응시하라는 말이 아니다. 생각하는 동안, 말을 하면서 때때로 시선을 다른 곳으로 돌리는 여유를 갖는 것이 좋다. 그러는 동안에도 진행자가 지금의 상황에 집중하고 있다는 느낌은 주어야 한다. 사람은 누구나 상대방이 자신에게 관심을 보이고, 자신의 말에 집중하고 있다는 느낌을 받을 때 호감을 갖게 된다.

우리가 말하면서 무의식중에 하는 보디랭귀지도 언어의 한 부분이다. 자연스러운 몸짓이 의사소통을 더 원활하게 만들어 준다. 고개를 끄덕인다든지, 말을 하며 손짓을 한다든지 하는 보디랭귀지는 자연스럽게 하는 게 중요하다. 대화에 집중하다 보면 보디랭귀지는 저절로 따라 나온다. 이런 몸짓은 억지로 하려고 하지 말고 말의 흐름에 자연스럽게 맡기는 것이 중요하다.

대화할 때 상대방이 하는 말을 그대로 되풀이해 주는 백트래킹backtracking기법이 있다. 이 기법을 쓰면 어떤 질문을 받았을 때 생각할 여유를 가질 수 있고, 상대방의 질문에 굳이 대답하는 대신 상대방이 그 답을 찾아가도록 유도할 수 있다.

축하해야 할 일이 있을 때도 상대방의 말을 그대로 반복하면서 거기에 자신의 생각을 덧붙이는 것이다. 구체적인 감탄사를 덧붙이는 것은 물론이다.

예를 들어 어떤 사람이 축하받고 싶어서 자신의 사연을 남겼다고 하자. 취업하기 위해 몇 년을 노력하다가 드디어 취업이 되었다면서 사연을 올린다. 그러면 그 멘트를 그대로 전달하고, 거기에 감탄사를 덧붙여 축하하는 것이다. 공모전에 당선되었다는 사연이 있으면, "아 그래요?" 하며 밋밋하게 반응하기보다는 조금 과장해서라도 이렇게 말해 준다. "아, 공모전에 당선이 되셨군요. 축하드려요. 대단하십니다." 사람은 이렇게 반응해 주면 상대에게 더 마음이 가고 이야기를 털어놓고 싶어지는 법이다. 대접받고 싶은 대로 상대방도 그렇게 대접해 주라는 말이다. 반드시 진심을 담아서.

클릭을 유도하는
헤드라인을 만든다

방송 진행자가 보여주어야 할 자연스러운 리액션이 완벽하게 준비되고 난 다음에는 시청자들에게 나를 알리는 작업이 필요하다. 나라는 존재를 알리기 위해서는 무엇보다 시청자들이 방송을 클릭해야 한다. 그래야 더 많은 사람과 소통하고 공감을 나눌 수 있다. 마음을 여는 것은 그 다음의 일이다.

사람들이 헤드라인 뉴스나 연예기사를 검색할 때 제일 먼저 보는 것은 기사 내용이 아니라 제목이다. 사람들은 자극적이고 강한 헤드라인에 끌리게 되어 있다. 헤드라인이 내용 못지않게 중요하다 해도 과언이 아니다. 숱하게 쏟아지는 기사들 중에서 독자들이 클릭을 하도록 유도하려면 일단 관심을 끄는 것이 필요하기 때문이다.

먹방을 진행하는 BJ 밴쯔는 시청자로 하여금 궁금증을 유발시키는 헤드라인을 잘 만든다. '진짜 이게 가능해?' '삼겹살 고작 3조각' '참치 고작 1캔' '초코우유 고작 1컵' 등의 헤드라인을 달아 고작 시리즈 영상을 올렸는데 제목과는 상반되게 엄청난 크기의 삼겹살과 참치 캔, 초코우유가 등장한다. 시청자는 그 모습을 보면서 '진짜? 저걸 다 먹어?'라는 호기심으로 시작해서 다음에는 어떤 상황이 벌어질지 궁금해 하며 클릭을 누르게 된다. 그렇게 반전이 있는 헤드라인으로 시청자의 관심을 끄는 것이다.

예쁜 외모에 먹방과 다양한 채널을 운영 중인 윰댕의 경우 대도서관과 결혼 후 자극적인 헤드라인으로 시청자들의 궁금증을 유발시키고 있다. '술 취한 대도님의 애정행각' '남편이 맨날 원해요' '샤워 때문에 유치하게 싸운 대댕 부부' 같은 식이다. 인기 유튜버들의 사생활은 시청자들의 입장에서 볼 때

일단 관심거리이기 때문에 쉽게 영상을 클릭하게 만든다.

1인 미디어 방송 플랫폼에는 비슷한 내용의 동영상들이 많이 올라온다. 그 많은 동영상 중 내 동영상이 차별화된 경쟁력을 갖기 위해서는 내용은 물론 헤드라인, 즉 검색어를 잘 만들어야 하는 것이다. 헤드라인을 정할 때는 사람들이 많이 쓰는 단어, 사회적 이슈나 인기 영화제목 등 이슈를 활용하도록 한다. 그리고 광고나 검색 채널에서 헤드라인을 모방해재창조함으로써 눈길을 끄는 방법도 있다.

방송도 어느 면에서는 시청자들과 대화하는 것이다. 상대에 대해 진정으로 관심을 갖고, 상대가 나를 통해서 어떤 이야기를 듣고 싶은지를 생각하고 방송을 진행한다면 시청자들의 마음을 여는 것은 시간 문제이다. 우선 콘텐츠에 대한 진지한 고민이 있어야 하고, 일단 콘텐츠를 정한 다음에는 시청자의 눈길을 확 끌 수 있는 헤드라인을 만들도록 한다. 그런 다음 진정성 있게 다가가 공감하면서 시청자들에게 나를 알려 나가자.

5

입소문 나는
방송 진행법

서울에 있는 올림픽공원 핸드볼 경기장에서 '유튜브 팬 페스트 코리아 2018' 행사가 열렸는데 티켓이 오픈 20분 만에 매진되고, 입장객이 무려 8천 명을 넘었다. 인기 있는 1인 미디어 부스는 문전성시로 발 디딜 틈이 없었다. 주최 측은 이 행사에 대해 크게 광고를 하지 않았다고 한다. 그런데 그 많은 사람이 어떻게 알고 행사에 참여하게 되었을까? 인기 연예인들이 나오는 것도 아닌 행사가 어떻게 오픈 20분 만에 매진될 수 있었을까?

음식점도 진짜 맛집은 광고를 하지 않는다고 한다. 그래도 사람들의 발길이 끊이지 않는다. 직접 먹어본 사람들이 전하는 입소문 덕분이다. 연예인들을 내세워 하는 광고보다 주변에서 그곳을 직접 찾아가 맛을 본 사람들이 전하는 한마디가 사람들로 하여금 더 신뢰하게 만든다. 그런 추천의 말은 사람들에게 자기도 가서 먹어 보고 싶다는 욕구를 불러일으킨다.

1인 미디어 방송에도 바로 이런 원리가 적용되는 것이 아닐까 한다. 우연히 누가 방송을 시청하고 나서 유익하거나 재미있다고 느꼈으면 자연스럽게 주변에 있는 사람에게 추천하는 말을 하게 된다. 그 말을 들은 사람은 기억하고 있다가 언젠가 생각날 때 방송을 직접 들어보게 되는 것이다. 들어 보고 괜찮으면 구독까지 가게 되는 것이다. 사람들에게 유익하고 재미있는 방송을 하면 입소문은 금방 나게 되어 있다. 한번 좋다고 소문나기까지가 쉽지 않은 일이기는 하지만 일단 그 반열에 올라서고 나면 홍보가 되는 건 금방이다.

유익하고 재미있는 방송은 금방 입소문 난다

요즘에는 연예인들도 1인 방송을 보며 열광한다. 슈퍼주니어 김희철과 신동이 케이블 방송에 나와 인기 유튜버 밴쯔를 보고 열광하는 모습을 보여주기도 했다. 뷰티 유튜버로 유명한 이사배는 공중파 방송에 출연해 검색어 1위에 올랐다. 그리고 공중파 프로그램에서 〈마리텔〉이라는 1인 미디어 성격의 프로그램을 직접 제작해 눈길을 끌기도 했다.

연예인도 열광하는 1인 미디어의 주인공들은 자신이 하는 방송 주제에 집중하고 너무나도 즐기고 있다. '머리 좋은 사람은 노력하는 사람을 따라오지 못하고, 노력하는 사람은 즐기는 사람을 따라오지 못한다.'는 말이 있다. 노력도 중요하다. 그런데 정말 그 일을 재미있게 즐기는 사람을 따라가지 못한다. 특히 방송에서는 방송을 진행하는 사람이 즐거우면 그 감정이 고스란히 시청자들에게 전달되는 것이다.

홈 쇼핑 방송을 진행하는 쇼 호스트의 경우에도 처음 방송을 진행할 때는 자신의 이미지와 가장 잘 맞고, 가장 잘할 수 있는 상품의 카테고리부터 시작한다. 그러다가 범위를 차차 넓히게 된다. 나 또한 쇼 호스트로서 방송을 시작할 때 내가 가장 잘하고, 즐길 수 있는 분야인 식품 카테고리부터 시작했다. 요리를 좋아하기 때문에 맛있게, 복스럽게 먹는 표정을 지을 수 있었다. 식품 쇼 호스트는 먹방을 진행하는 사람처럼 기본적으로 맛있게 먹어야 하고, 식감에 대한 생생한 멘트를 할 수 있어야 한다. 음식을 좋아하지 않고, 요리하는 것을 좋아하지 않는다면 힘든 일이다.

처음 방송을 시작하고, 열심히 일에 매달리는데도 실력이 늘지 않아 자신감이 바닥을 쳤던 적이 있다. 그때 마음가짐은 어떻게 해서든 잘해 보자였다. 여기서 잘하자는 것의 의미는 나의 방송을 평가하는 사람들에게 잘 보이는 것이었다. 그런 데 그 생각부터가 잘못되었던 것이다. 모든 것이 부담감으로 다가왔다. 부담감을 느끼게 되면 잘할 수 있는 것도 실수하게 된다. 그 이후에도 계속해서 절망이 왔고, 이 길은 내 길이 아닌 거 같아 방송을 포기할까 하는 생각을 수만 번도 더 했다.

하지만 나는 쇼 호스트라는 직업을 너무나도 원하고 있었다. 조금씩 마음을 달리 먹기 시작했다. 남의 눈에 잘 보이자가 아니라 나 자신에게 잘하기로 했다. 그리고 회사를 옮겼다. 눈치를 보지 않고 나만의 콘셉트를 찾으려고 모니터링, 또 모니터링 하고 다른 사람이 갖고 있지 않은 나의 장점과 강점을 찾기 시작했다. 방송에서 가장 중요한 것은 내 매력과 스타일을 찾는 일이라고 생각했기 때문이다. 그리고 내 자신의 모습대로 가장 편안하게 고객의 입장에서 상품을 소개하기 시작했다. 그러면서 점점 자신감이 붙고 방송을 즐길 수 있었다. 만약에 힘들었던 순간 일을 그만 내려놓았다면 지금의 이 짜릿한 기분을 느끼지 못했을 것이다.

누구나 처음에는 힘들고 시행착오도 많이 겪는다. 처음에 카메라를 보고 방송을 진행하다 보면 경직되기 마련이다. 하지만 자신과 친숙한 주제의 방송은 순간 집중할 수 있게 한다. 집중한다는 것은 즐기고 있다는 뜻이다. 그리고 내가 즐길 수 있을 때 시청자들도 즐거워질 수 있다. 그리고 공감한다. 그래서 1인 방송을 할 때 다른 무엇보다 자신이 가장 잘할 수 있고, 좋아하는 콘텐츠를 선정하는 것이 중요하다.

나와 잘 맞는, 내가 즐겁게 할 수 있는 나만의 콘텐츠를 찾았다면 영상을 꾸준히 올려야 한다. 꾸준한 영상 올리기로 나만의 히스토리를 만들어 가는 것이 중요하다. 이 꾸준함이 그저 영상 올리기에만 한정되면 안 된다. 올린 영상을 중심으로 꾸준한 모니터링이 동반되어야 한다. 그렇게 방송을 진행하는 사람과 시청하는 사람이 함께 성장하는 것이다.

이렇게 하나의 영상에 시간을 체크하고 영상 전체적인 부분을 점검해 보는 것이다. 그리고 진행에 있어서도 질문에 대한 답변 순발력이나 리액션도 점검해 보도록 한다.

1인 미디어 방송은 누구나 도전할 수 있지만 아무나 잘할 수 있는 것은 아니라고 분명히 말하고 싶다. 스스로 기획, 방송, 촬영, 편집까지 다 해야 하니 결코 쉬운 일은 아니다. 나만의 콘텐츠를 찾아야 하고, 방송 기획을 하고, 장비를 준비하고, 촬영하고, 편집하는 등 1인 다역을 해야 한다. 수많은 도전과 연습이 필요하다. 그래도 시행착오를 거쳐 나를 알아주는 사람들이 생길 때 그때의 희열은 이루 말할 수 없다.

내가 좋아하는 콘텐츠로 꾸준히 방송을 했을 때의 이점은 콘텐츠와 실력은 자연스럽게 쌓여 사람들이 나를 알아봐주기 시작한다는 것이다. 어느 정도 임계점을 넘으면 그 분야에서도 전문가의 반열에 올라 서 있는 자신을 발견할 수 있을 것이다. 그리고 차츰 입소문이 나기 시작하면서 내 방송에 관심을 갖는 독자들이 늘어난다. 입소문 나는 방송 진행법, 어렵지 않다. 자신이 좋아하고 즐길 수 있는 카테고리의 방송 콘텐츠를 찾아서 꾸준히 올리고, 모니터링 하면서 한 단계 한 단계 발전해 나간다면 당신에게도 어느 순간 1인 미디어 스타로 자리매김할 수 있는 날이 올 것이다.

모니터링 하는 요령

No	구분	년 월 일	영상 제목 :	
		구분	모니터링 내용	개선 방안
1	헤드라인		간결한가	
			흥미를 끌 수 있나	
			내용을 잘 요약했나	
2	시각적 효과		헤어스타일은 콘셉트에 적합한가	
			장신구(모자/목걸이 등)사용은 적절한가	
			의상의 칼라는 콘셉트와 맞는가	
			촬영장소 배경은 콘셉트와 맞는가	
3	전달력 부분		자막의 길이는 길지 않은가	
			멘트와 자막이 동일한가	
			자막강조는 적당한가(칼라/크기)	
			오타는 없는가	
			상품 핸들링 시 잘 보여지나	
			액션마다 멘트로 설명이 이루어지나	
			강조하고 싶은 부분은 자막으로 표현하고 있나	
			효과음은 적절한가	
			발음은 정확한가	
			말 속도가 빠르지 않은가	
			리액션은 적극적인가	
			위트가 있나	
			지루하지 않은가	
			전체적으로 진행이 빠르지 않나	
			준비한 콘셉트에 맞게 진행되었나	
			추가하고 싶은 내용이 있는가	

스타 강사 7인의 스피치 교실
한 권으로 끝내는 스피치 멘토링

초판 1쇄 인쇄 | 2019년 1월 10일
초판 1쇄 발행 | 2019년 1월 17일

지은이 | 박두리 민수경 이창순 안규호 김주연 남지윤 이솜귤
기   획 | 조헌주 김주연
펴낸이 | 이기동
편집주간 | 권기숙
편집기획 | 김문수 이민영 임미숙
마케팅 | 유민호 이정호 김철민
주   소 | 서울특별시 성동구 아차산로 7길 15-1 효정빌딩 4층
이메일 | previewbooks@naver.com
블로그 | http://blog.naver.com/previewbooks

전   화 | 02)3409-4210
팩   스 | 02)463-8554, 02)3409-4201
등록번호 | 제206-93-29887호

교   열 | 이민정
편집디자인 | design86
인   쇄 | 상지사 P&B

ISBN 978-89-97201-40-2 13320

이 도서의 국립중앙도서관 출판예정도서목록(CIP)은 서지정보유통지원시스템 홈페이지(http://seoji.nl.go.kr)와
국가자료종합목록시스템(http://www.nl.go.kr/kolisnet)에서 이용하실 수 있습니다. (CIP제어번호 : CIP2018038648)

이 도서는 한국출판문화산업진흥원의 출판콘텐츠 창작 자금 지원 사업의 일환으로
국민체육진흥기금을 지원받아 제작되었습니다.